北京航空航天大学附属小学教育丛书——少先队文集

我们的旗帜一样红

主　编　王　群

副主编　陈瑞云

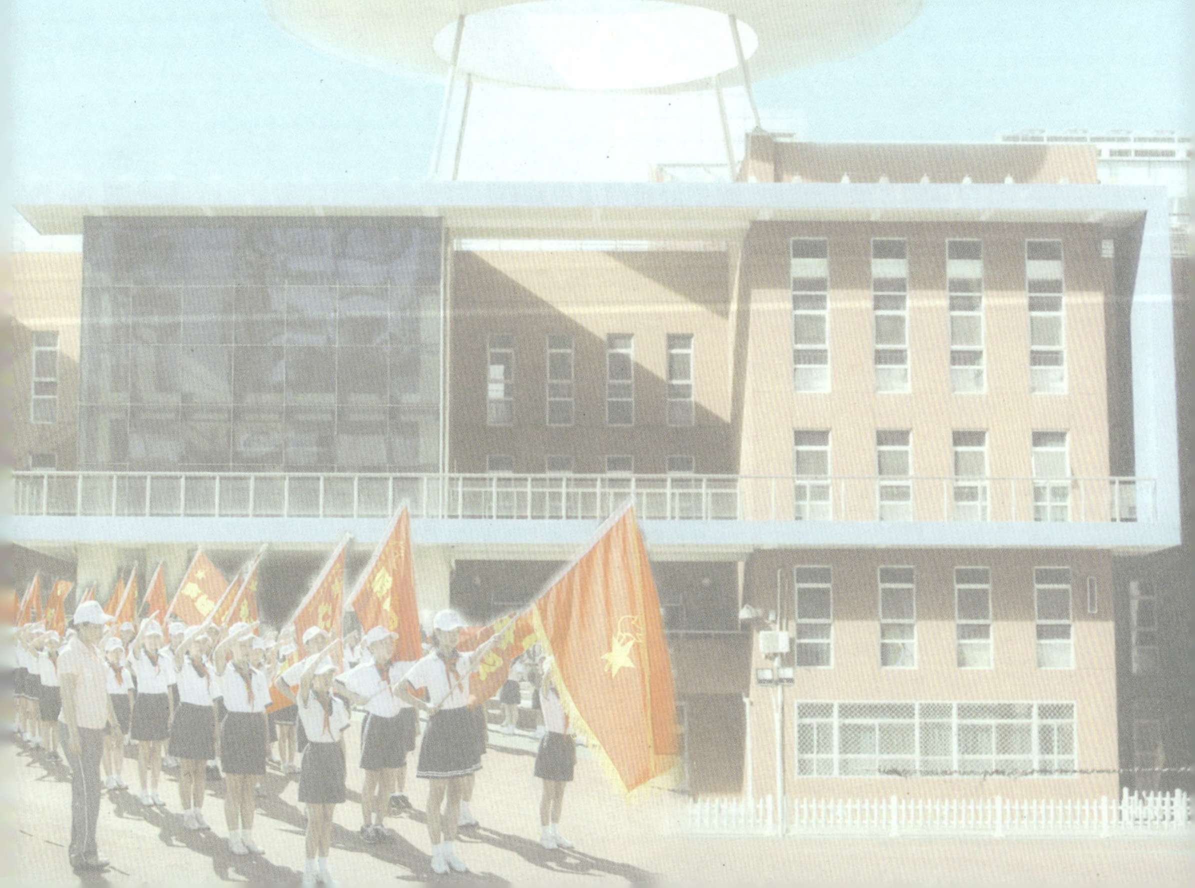

内容简介

该书以少先队活动为视角，全面介绍了北航附小近年来少先队组织的教育成果，本书通过一线辅导员及少先队员生动的活动案例，诠释了少先队活动在学校教育及少年儿童成长中的重要作用。这是一本看得见、摸得着、可操作、重实践的好书，对学校少先队工作具有启发、引领、促进作用。本书适合少先队工作者、少先队辅导员、少先队员、家长以及少先队工作者阅读。

图书在版编目(CIP)数据

我们的旗帜火一样红 / 王群主编. —北京：北京航空航天大学出版社，2009.8

ISBN 978-7-81124-762-6

Ⅰ. 我… Ⅱ. 王… Ⅲ. 中国少年先锋队—工作—文集
Ⅳ. D432.51-53

中国版本图书馆 CIP 数据核字(2009)第 063164 号

我们的旗帜火一样红

主　　编　王　群

副 主 编　陈瑞云

责任编辑　李文轶

*

北京航空航天大学出版社出版发行

北京市海淀区学院路 37 号（100191）　发行部电话：010-82317024　传真：010-82328026

http: // www.buaapress.com.cn　　E-mail: bhpress@263.net

涿州市新华印刷有限公司印装　各地书店经销

*

开本：700×1000　1/16　印张：10.75　字数：187 千字

2009 年 8 月第 1 版　2009 年 8 月第 1 次印刷　印数：3 000 册

ISBN 978-7-81124-762-6　　定价：46.00 元

编委会

序

——在色彩斑斓的少先队天地里快乐成长

中国少先队工作学会副会长　陈冰清

在少先队建队60周年之际，北航附小的《少先队教育文集》出版了。文集回顾和总结了近年来学校少先队工作的好经验、好做法，同时对少先队教育中一些重要问题进行了思考和研究，读后很受鼓舞、很受启发。

少年儿童的健康成长，是国家和民族兴旺发达的希望所在；少先队事业的蓬勃发展，是党的事业保持生机和活力的重要源泉。当前，全面建设小康社会、实现中华民族伟大复兴的伟大事业，对少先队工作提出了更高要求，也提供了更为广阔空间。在新的条件下，少先队要着力培养少年儿童的国家意识、科学意识、劳动意识，帮助少年儿童养成爱党、爱祖国、爱人民的真挚感情，形成良好的道德行为习惯，引导他们从小树立起建设祖国的远大理想，成长为中国特色社会主义事业的合格建设者和接班人，这是新时期少先队工作的根本职责。

北航附小围绕少先队工作的根本任务，开展了一系列生动有趣的少先队活动，体现出鲜明的时代色彩，蕴含着深刻的教育理念，展示出少先队员勤奋学习、快乐生活、全面发展的精神风貌。多彩

的活动，是少先队的魅力所在，也是少先队教育的基本途径。北航附小的少先队活动，既丰富多彩，又主题鲜明，符合少年儿童意识和情感发展规律，因而教育成效明显。丰富多彩的少先队活动，离不开辅导员老师的创新创造，正是广大辅导员的辛勤努力，使中队充满生气，小队充满活力，全队朝气蓬勃。少先队工作的扎实开展，更是学校领导高度重视和支持的结果，丰富多彩的少先队活动，也带动了学校教育教学工作的全面提升，反映出学校领导的治学理念和教育眼界，这是培养合格人才的重要条件。

少先队工作是一门科学，也是一门艺术，少先队活动要打动儿童、感染儿童、教育儿童，需要精心指导，潜心研究。希望北航附小在这方面继续做出探索，涌现出更多好经验、好做法，让少年儿童在少先队集体中快乐成长、健康成才！

陈冰清

二〇〇九年六月一日

目 录

我们的旗帜火一样红

SINCE
1954

时刻准备着

校长、党支部书记　王群

每当听到队鼓隆隆，号声嘹亮，我的心就激动起来。我知道，这是我们的少先队在吹响“集结号”，少先队员们又要集合在光荣的队旗下出发了！

我激动，是因为我也曾经是一名光荣的少先队员。我出生于20世纪60年代中期，那时候整个国家处于十年浩劫期间，“文化大革命”对我们这代人的学习和生活产生了严重的影响和冲击，但我们的童年依旧有理想、有追求、有快乐……有一首歌我们不能忘记，那就是少先队的“队歌”，有一面旗帜我们没有放弃，那就是火红的队旗。

我激动，是因为我的母亲也曾经是一名光荣的少先队员。我的母亲是一位出生于20世纪40年代初的退休教师，她是沐浴着新中国的阳光成长起来的。一天，已经退休的她很高兴地告诉我，她终于找到了老版少先队队歌的歌谱，这是她当年唱的队歌：“我们新中国的儿童，我们新少年的先锋，团结起来，继承我们的父兄……”她一边唱，一边用力地打着拍子，虽然嗓音已不再年轻，但歌声里充满的激情依旧澎湃。

我激动，是因为我的孩子也曾经是一名光荣的少先队员。我的孩子出生于20世纪90年代初期，在改革开放的时代大潮中，他们的精神和物质生活极大地丰富了起来，金色的童年充满着快乐的旋律，我的孩子被选为少先队鼓号队的号手，他高昂起头吹响嘹亮号角的姿势太“酷”了，号旗上的星星火炬和他灿烂的笑脸是我这个妈妈心中最美好的影像。

我更激动的是因为我每天都在面对很多很多的少先队员，可以经常听到队歌在飞扬，看到队旗在飘舞，可以与少先队的小主人们一起讨论他们的事情，倾听他们的心声。每逢和他们一起举起右手宣誓，我就感到教育的神圣、职责的光荣，就感到星星火炬的力量，代代相传的重要。

转眼间，少先队已经建队60周年了，祖国发展我成长，红领巾给我们几代人的童年带来了快乐、理想、信念和追求。每当我看到队员们胸前飘扬的红领巾，听到队员们用甜美的嗓音唱起“让我们荡起双桨”，和队员们一起开队会，做游戏……我就觉得眼明心亮、浑身有劲，就觉得少先队要引导队员们做到胡锦涛总书记所期望的那样“勤奋学习，快乐生活，全面发展”，觉得有很多工作要做。于是，我就会催促自己，也催促辅导员们，赶快行动起来，抢在春天播种，乐在潜心育人。

很高兴，我们学校有一支勇于探索、勤于实践，乐于奉献、善于创新的辅导员队伍，他们寓教育于活动之中，努力做到“优质、规范、特色、开放”，取得了丰硕的成果。在学校领导班子的重视和支持下，在家长、志愿者们和社会各界的热心帮助下，在上级少工委的亲切指导下，少先队工作围绕学校“十一五”发展规划，实施“春华杯”教育活动激励机制，扎扎实实打基础、一心一意上水平，有力地加强了少年儿童思想道德建设，开创了学校德育工作的新局面。

朝气蓬勃的北航附小少先队员

这本少先队教育文集的编辑出版，是我们奉献给祖国60年华诞的珍贵礼物，也是我们奉献给建队60年的工作结晶。做为成长记录，它反映出少先队员的时代风采，凝聚着辅导员的创新精神，体现了少先队与时俱进、求真务实的教育特色，展示了以童为本、组织育人的科学内涵，就像是一面旗帜、火红火红的旗帜，引导着我们走向光辉灿烂的未来！

坚持组织育人 促进全面发展

德育副校长　陈瑞云

少先队主题教育活动是少先队教育的重要形式，是学校德育的重要载体，是新形势下加强少年儿童思想道德建设的重要途径。为进一步落实《中共中央国务院关于进一步加强和改进未成年人思想道德建设的若干意见》，充分发挥少先队在加强少年儿童思想道德建设中的重要作用，努力完善学校和谐的德育教育体系，全面深化主题教育活动，服务于少年儿童的全面发展，近年来，学校连续举办了“春华杯”主题中队会观摩竞赛活动。

一、牢固树立组织育人的教育理念

长期以来，我们都在思考着同一个问题，学校的德育工作如何树立和落实科学发展观，真正做到全面活跃、全面深化和全面提高。《中共中央国务院关于进一步加强和改进未成年人思想道德建设的若干意见》中指出：“学校是对未成年人进行思想道德建设的主渠道，必须按照党的教育方针，把德育工作摆在素质教育的首要位置，贯穿于教育教学的各个环节。”少先队是德育工作的重要组成部分，班级管理、集体建设是学校德育的重要基础，中队工作、主题活动是少先队也是德育教育的有力抓手。

为进一步加强辅导员队伍建设，提高辅导员工作水平，落实《少先队辅导员工作纲要》，促进学校大德育观念的形成，学校把举办“春华杯”主题中队会观摩竞赛活动作为规范学校德育工作的重要组成部分，高度重视并追求实效。

主题队会是主题教育活动过程中的亮点，具有承上启下、继往开来的作用。开好主题队会，可以对主题教育活动进行及时总结、有效推进。同时，借助主题队会观摩这一形式，可以集中展示，相互交流，是实实在在的培训，更是扎扎实实的动员。2006年12月学校举行了“福娃进校园”主题中队

会观摩研讨活动；2007年4月和2008年3月，学校分别举行了第一届、第二届“春华杯”主题中队会观摩竞赛活动。至此，连续三年的“春华杯”主题中队会观摩竞赛活动，已成为学校的一项常规工作。学校班主任(中队辅导员)全员参与，全员实施。每学期开学第一周学校启动、动员并组织班主任(中队辅导员)报名。通过个人准备、组级比赛，经由选拔，再推出典型队会进行校级决赛展示。学校多次邀请专家来校对此进行专题讲座，方案指导、现场点评。三年来，学校的少先队主题队会越开越好，整体水平大为提升。从2006年“与诚信手拉手”、“光荣与红领巾同行”、“奥运我能做什么”，到2008年“快乐游戏跟我来”、“走近奥运”、“福娃迎客到我家”、“科技奥运引发的思考”等，每个队会都能紧紧把握时代跳动的脉搏，反映教育活动的过程，使队员们在辅导员的启发下关注时事，关心大事。鲜明的队会主题、巧妙的活动构思，风格各异的队会形式，仿佛为我们打开了一扇扇少先队员勤奋学习、快乐生活、全面发展的时代画卷。

少先队员们在主题队会上的表演

二、充分发挥组织育人的时代特色

每项主题教育活动的成功，都使学校进一步坚定组织育人、全员育人、全面育人的决心。辅导员作为学校德育的基础骨干力量，孕育着无限的创造热情和创新能力，关键在于对他们有效的开发和引导。学校从各个方面调动辅导员的积极性，为他们搭设平台，提供机遇，助其提高。我们欣喜地看到不少辅导员从刚开始接受任务的胆怯、困惑中走了出来，在活动实践中树立了信心，他们认真深入到队员中去，认真倾听队员的心声，运用自己的才华，将科学的教育理念巧妙地过渡给队员，从而变成集体的意志和行动。通过丰富多彩的队会活动，集体的凝聚力增强了，师生关系更加密切了，老师对学生的了解、学生对老师的理解都更加深刻，每一名少先队员都感受到了自己在组织里的作用，体会到了集体给予的信任和快乐，开阔了眼界，和谐了关系，增长了才干，真正得到了全面发展。

“春华杯”的成功，也促使我们进一步思考，时代在发展，队员在成长，我们的教育理念、教育内容和教育方式要符合党对培养合格预备队的战

略需要，要符合少年儿童身心发展的需要，就要在组织育人、全员育人、全面育人的过程中始终坚持以邓小平理论和“三个代表”重要思想为指导，坚持贯彻胡锦涛同志关于少年儿童思想道德建设的重要指示，坚持对少年儿童进行以爱国主义为主旋律的教育，最大限度地发挥少先队组织育人的功能，让队员们真正成为活动的主人。

三、紧紧把握组织育人的科学方向

学校德育工作每学期都会制订详尽的计划，按照总体目标和少年儿童成长规律，由浅入深、循序渐进地开展少年儿童思想政治教育、品德教育、纪律教育和法制教育，不断创新少年儿童易于接受的富有实效的教育模式，在实践体验的过程中培养他们热爱党、热爱祖国、热爱社会主义的情感，努力做到心中有他人、心中有集体、心中有祖国，为他们树立正确的世界观、人生观、价值观奠定基础。

向共建部队英雄献锦旗

学校是少先队工作的主阵地，也是少先队组织育人的主课堂。因此，少先队建设与学校教育的工作对象和工作目标是一致的。面对少先队事业的新发展和基础教育改革的新要求，只有把少先队建设纳入基础教育发展的总格局，才能促进少先队教育与基础教育的配合、结合和融合，全面发挥少先队在推进素质教育中的作用。

“春华杯”给了我们很多的启示。为了促进学校德育的整体水平上台阶、上档次，我们要大力倡导主题教育活动的丰富多彩，大力倡导主题队会的自主化、规范化和儿童化。我们要在教育实践中思考，更要在教育实践中创新。只要我们树立和落实科学发展观，不断拓宽思路，努力调查研究，脚踏实地抓好少年儿童成长过程中的每一个点，就一定会让少先队的主题教育活动成为队员喜欢、积极参与的实践大课堂，让主题队会开的更精彩、更生动。

当队鼓咚咚敲响，当队旗猎猎飘扬，我想到了春华秋实，想到了桃李芬芳……我希望也相信，北航附小的辅导员和队员们一定会谱写出星星火炬的璀璨篇章！

春华秋实 潜心育人

——关于主题教育队会的思考

德育主任 方 东

为进一步加强少年儿童思想道德建设，落实《少先队辅导员工作纲要》，体现学校德育抓基层、打基础、抓队伍、促提高的工作方针，北航附小开展了“福娃进校园”主题教育活动并举办了主题中队会观摩研讨活动。

“福娃进校园”是海淀区教委、教工委提出的奥林匹克教育要求，也是学校德育工作的重要抓手，是学校少先队在新的形势下进行的国际化、开放式的教育课题。我校作为奥林匹克教育示范校，一直在大力开展奥林匹克教育，进行积极的探索，许多活动都卓有成效地体现了学校的办学理念，落实了科学发展观。“福娃进校园”主题活动就是其中之一。我们的意图就是想通过丰富多彩的少先队活动，让每一位少先队员都能在参与中勤奋学习、快乐生活、全面发展，健康成长。同时，也使学校在全员育人、全面育人的整体建设上有所突破。

以第二届“春华杯”竞赛中的几个获奖主题队会为例，总体上有两个突出的特点：一是体现自主，即突出了少先队组织的本质特征；二是倡导创新，激发了少先队员的小主人意识。主题小、内容近、方法实。

二(1)中队的“快乐游戏跟我来”以游戏为载体，以快乐为主题，以奥运为背景，采取游戏推荐，将开放、创新、参与各环节紧密相连，逐步深化的方式，引导队员开展集体游戏，丰富课余生活，促进队员健康成长。

三(1)中队的“走近奥运”以童心迎奥运为切入点，带领队员走近奥运。以奥运项目为主线，将体育知识、观赛礼仪、明星事迹、场馆介绍融为一体，使队员对奥运北京有了最新的了解，从而激发了队员参与奥运、奉献奥运、共享奥运的美好愿望。用行动为奥运加油，为北京喝彩。

四(3)中队的“福娃迎客到我家”以参与奥运、宣传北京为主线，以奥运

福娃为角色，以小队集体为家庭，以宾客接待为载体，展开队会活动，展示北京人“热情、友好、和谐、文明”的精神面貌，寓教育于体验之中，充分挖掘队员的自我教育功能，潜移默化地将爱北京、爱祖国的情感融入到队员的心中。由此，增加了队员的民族自豪感，激发队员当好东道主。

主题队会上表演跆拳道

五(3)中队的“科技奥运伴我行”以科技奥运为主题，以饶有情趣的科学小实验为载体，以奥运项目的科技知识为亮点，引导队员探索体育科学，从而激发队员学科学、爱科学、用科学的兴趣，树立科学强国的志向。

“人文奥运、科技奥运、绿色奥运”是第29届北京奥运会的三大理念，这些理念都渗透到所观摩的队会中，给了队员形象化、儿童化的感染和教育。

六(3)中队的“‘？’引发的思考”则从队员在助人为乐所遇到的困惑而引发思考，采取讨论的形式，通过队员自我教育，树立社会主义荣辱观。用实际行动践行自己的微笑承诺，继承传统美德，弘扬民族精神！

实践使我们体会到：主题队会确实是加强少年儿童思想道德建设的好形式，是学校德育工作的好抓手，是少先队教育的重要环节。主题队会要注意的是：无论选择什么主题都要小一点儿、近一点儿、实一点儿，切忌大而全；队会一定要结合本中队实际，找好切入点，突出主题，一切为深化主题服务，注重活动效果，避免单纯表演化，确保队会实效性；队会内容既要丰富多彩，又要设计合理，突出队味儿，突出童趣儿，体现队员为主体；队会要层次明显、外延丰富，给教育留有深化的空间，给队员留出成长的空间，将教育效果落到实处。

春华秋实，愿我们的队会都能充满童年的快乐，收获成长的美好，奠基成功的人生！

队味儿 童趣儿 动静儿 后劲儿

——从“故事大王讲荣辱”谈少先队主题教育活动

大队辅导员　杨　璇

讲故事是少先队的一项传统活动，北航附小的少先队员特别爱讲故事，无论是课间休息，还是在操场走廊，只要大家凑在一起，总有人绘声绘色地讲起故事来，天南海北，奇闻逸事，什么内容都有。

就在胡锦涛总书记“勤奋学习、快乐生活、全面发展”号召的发出后，学校随即在“快乐学习、快乐生活、快乐成长”的快乐工程中创建了“红领巾故事大王俱乐部”。后来，胡锦涛总书记提出了“八荣八耻”，号召开展社会主义荣辱观教育，学校积极响应，在辅导员老师的指导下，通过“红领巾故事大王俱乐部”生动活泼地开展了“讲故事、长知识、知荣辱、学做人”主题教育活动，取得了丰硕成果。

讲故事中知荣辱

队员们原以为荣辱观教育非常深奥，自己可讲不来。后来经过调查研究才发现，就在大家喜爱的故事中，蕴涵着鲜明的爱与憎、荣与辱、是与非、对与错。于是，队员们积极行动起来，人人编故事、人人讲故事，大家亲切地称之为“故事大王PK”活动。队员们收集和创作了大量的故事。《山羊老师下海》、《蜜蜂与乌鸦斗智》、《动物王国里的奥运会》、《大树的心声》…… 马融同学创作的《车厢里的故事》，讴歌了讲文明、懂礼让的好风尚，抨击了只顾自己、不管别人的不道德的行为。为了创作好故事，她仔细观察生活，认真总结自己上学挤公交车的体验，反复征求大家意见，经过5次

修改才定稿。这篇故事以饱满的激情、巧妙的构思、生动的情节成功地塑造了两个个性鲜明的队员，让听众从阵阵笑声中记住了要尊老敬老、礼貌待人。

童话是故事体裁中最受欢迎的形式，很多同学用小动物作主人公，创作出一个个妙趣横生的好故事。《电池复仇记》和《小鱼的梦》都是以环保节能为主题的故事，但风格完全不同。《小鱼的梦》通过鱼儿遭受污染的悲惨遭遇，呼吁少先队员增强环保意识，爱护国土资源，很有感染力；《电池复仇记》则让废旧电池“活”了起来，控诉人们不爱护生态环境，随便丢弃废旧电池，造成严重污染。大家听了这个故事，都感到触目惊心。《小鱼的梦》还被改编为小品在团中央的《少先队小干部》杂志上发表。

在荣辱观教育中，学校发动队员先后收集、创作了几百个故事，这些故事主题鲜明、情节生动、语言活泼，具有很强的思想性、教育性、儿童性和艺术性，歌颂了真、善、美，抨击了假、恶、丑，从各个角度对社会主义荣辱观进行了具体、生动、形象的讲述，集中展示了当代少年儿童健康向上的时代风采。在海淀区少工委主编的《红领巾讲荣辱》一书中，收入了多篇队员们的作品；团中央的《少先队小干部》杂志发表了《小鱼的梦》、《三袋麦子》和《车厢里的故事》等；《电池告状》参加了国土资源部组织的“善待地球，珍惜资源，持续发展”的主题宣传活动。

队员们在国土资源部举办的纪念世界地球日公益活动上讲“电池告状”的故事

讲故事中学做人

队员们通过讲故事、编故事，加强实践体验，充分理解了什么是“热爱祖国、服务人民、崇尚科学、辛勤劳动、团结互助、诚实守信、遵纪守法、艰苦奋斗”，立志成为勤奋学习、快乐生活、全面发展的一代新人。

观摩了队员们的故事会，一位家长在她的“伴儿成长”博客中写到“让孩子自己教育自己，比大人生硬的说教更有效。”还有的家长说：“我的孩子以前特别内向，自从参加故事大王俱乐部后性格开朗多了，也自信多了，

他经常给我们讲故事，看着孩子一天天的成熟、懂事，我们高兴极了。”

讲故事活动不仅对队员成长起到了潜移默化的教育作用，也促进了和谐校园、和谐集体的建设，改善了师生关系，

一年级的赵益芃同学“六一”前因患肾积水住院了，眼看着别的小朋友戴上红领巾，急得他直哭，细心的中队辅导员武李立老师早就猜到了他的心事，他刚刚出院武老师和校领导带领小伙伴们到他家为他举行了庄严的入队仪式，他噙着泪和辅导员老师拥抱在一起……在家长的帮助下，他把这段经历写成了一篇感人的故事，后来这篇故事被改写成小品《病房里的誓言》发表在《少先队小干部》杂志上，在全国引起了较大的反响。

在赵一芃家里举行了庄严的入队仪式

讲故事就像照镜子，队员们讲出了荣辱，也对照了自己，学会了做人！

讲故事中长才干

讲故事不但使队员们懂得了道理，明白了荣辱，而且还发挥了少先队自我教育的功能，培养了队员的创造力，提高了综合素质。

大队部对加入俱乐部的队员们提了两个要求，一是要勤于创作，二是要勇于表演。大家踊跃响应，不但创作出一大批生动活泼的故事，而且还真的大胆讲起来。大队部从培训入手，教队员如何写故事，如何把故事讲得有声有色。在辅导员的指导下，俱乐部先后举办了“语言的魅力”、“非言语交流”、“形体Show”、“故事创编技巧”等互动板块，对队员进行全方位的培训。

“语言的魅力”板块使队员了解到，同样的一句话因重音不同、语气不同、音色不同而表达的情感也不同，他们尝试着给自己的声音“化妆”以塑造不同的人物性格。在互动中队员们体验着语言的魅力。

“非言语交流”板块更是妙趣横生，队员们用肢体语言传情达意，看谁表演的最到位。这一招儿解决了“0”号表情和“1”号表情的大难题，队员讲起故事来更是惟妙惟肖。

把形体训练融入到讲故事培训是我们俱乐部的一大发明，经过严格训

练，队员们如今站在台上落落大方、潇洒自如。

重量级的培训要算是“故事创编技巧”。一般的队员能讲不能写，故事越讲越少；而有了故事创作培训，就不一样了，队员们写自己身边的故事，听起来不仅亲切熟悉，而且感染力也强。开始队员们写得不像故事，而经过面对面的辅导。手把手的修改，激发了队员的想象力和创造力，故事越写越好，故事大王们的写作能力有了明显的提高，语言表达能力也进步了许多。

故事大王PK活动

如今，校园电视台、广播站成了故事大王的擂台，故事大王们奋力“PK”，把活动推向高潮，队员们的故事从小队讲到中队、从中队讲到大队、从学校讲到学区、社区……故事大王活动越搞越红火！学校少先队组织将故事大王俱乐部做为重要阵地，队员们经过每轮培训后，都会有一次汇报演出，再根据他们的表现由观众投票，按比例评选出优秀学员，并授予其“故事大王”的奖章。

在讲故事活动中，队员们发挥创造性，用废弃物自制服装道具、自制拟音效果，自己制作多媒体课件，开创了化妆故事的新模式，本来就生动有趣的故事经伙伴们这样精心包装——嘿，简直是酷极了！

讲故事中比创新

“三袋麦子”原来是发表在一本书中的普通故事，后来被学校的队员赋予了讲诚信的新内容，改编成了“三袋麦子”的化妆故事。演出成功后队员们又把新作品“小鱼的梦”搬上了舞台，在国土资源部组织的环保教育活动中，大家对该作品满怀激情的表演赢得了观众的好评。

活动的成功鼓舞了大家，也为大家带来了创作上的自信。在老师的指导下，队员们又把小品“小鱼的梦”改写成了歌舞剧《小鱼的家》，使情节更加集中，故事更加深刻，形式更加活泼，2008年9月《小鱼的家》参加了北京市首届中小学歌舞剧展演，获得了北京市一等奖。不仅如此，还包揽了此次比赛的最佳编剧、最佳服装设计、最佳灯光设计、最佳导演、最佳音乐创

作、最佳舞台设计奖，受到中央教育电视台邀请参加了全国儿童歌舞剧“音乐伙伴”第二季北京赛区的选拔赛呢！在参决的十几个节目中，学校获得了一等奖中团体总分第三的好成绩。这让全校队员感到特别自豪。因为无论是剧本，还是音乐，都是师生们的原创，是纯度百分百的“草根儿”一族。通过这次比赛，队员们看到了自己的潜力，更加懂得创新的可贵！

现在，队员们还在不停的创编新故事，比如《换鼻子》、《妈妈的来信》等。这使故事大王讲荣辱活动中使大家体会到，荣和辱之间并没有万里长城，有的时候可能就在一闪念之中。不但要将一个个感人的故事、发生在队员身边的故事编出来、讲出来，更重要的是在自己的行动中警惕起来、时时刻刻维护人民的利益，真正做一名遵纪守法、爱憎分明的小公民。

我校队员的三篇故事在中国少年先锋队海淀区工作委员会编辑的《红领巾讲荣辱》中发表

故事大王讲荣辱成为一项队员喜欢，家长支持，老师满意的好活动，成为学校少先队快乐工程的品牌活动，故事大王的队伍正在不断扩大，成为校园中耀眼的小明星！队员们决心人人都成为故事大王，把荣辱观的故事讲给小伙伴们、讲给爸爸妈妈亲人们、讲给社区的街坊邻居们，让社会主义道德风尚的春风吹开文明之花，开遍可爱的北京城。

队员作品

换鼻子

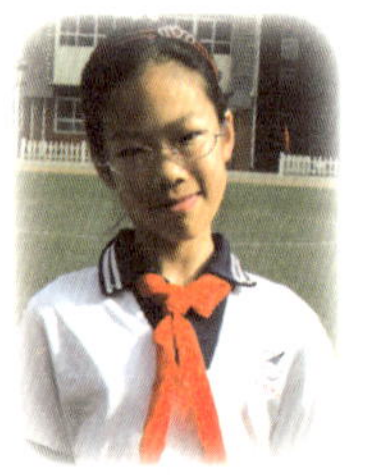

四（4）中队　林　琳

大家好！我是鼻子。今天，我给大家讲一个故事，大家可要认真听喔！”

一天，主人们在睡午觉，我从主人身上跳了下来。我一跳，其他

的鼻子也跳下来了。我说："朋友们，咱们走吧，离开城市，到乡村去！""好！"其他的鼻子一齐喊。这时有一只小鼻子跳出来，说"咱们为什么要走呢！""为什么？"一个老鼻子说："城市里的空气不好，我们呼吸了污浊的空气，会得病的。还有，城市里的人不注意锻炼身体，动不动感冒，弄得我们很难受。而且，他们老吃药，如果我们总是闻着药味，对我们的健康有极大的影响。""还有，还有，"另一个鼻子迫不及待地说"城市里的人太娇气，连蚊子叮一个包都擦风油精，这么大的味儿，怎么受得了嘛！""我还有委屈！"在很多鼻子的后面，一个声音叫到，"现在的人不爱护眼睛，而且戴的眼镜很重，咱们鼻子怎么驮得动呀？""还有，汽车的尾气也越来越多了！"

大家七嘴八舌地说开了，都不愿意作自己主人的鼻子了。小鼻子说："在城市里有许多好吃的，都特别香，我特别喜欢闻。而且我也挺喜欢我的主人的，他对我挺好的……""你真傻，好闻的不一定就是好东西，还是健康要紧！"小鼻子想了想，说："那……，好吧！我同意离开城市。"

于是，我带着鼻子们来到了乡村。乡村的鼻子们见到我们很高兴，他们以为我们是来做客的，听说我们要留下，他们高兴得一蹦三尺高，说："那咱们换吧！我们正想去城市呢。"我们奇怪地问："为什么？""因为乡村里什么都没有。城市里有麦当劳、肯德基、好伦哥、茶馆，还有棉花糖、巧克力……"乡村的鼻子说得手舞足蹈，吐沫横飞。老鼻子小声对我说："真是鼻子长见识短。"

于是，我们城市里的鼻子留在了乡村，乡村里的鼻子去了城市。

因为城市里的空气实在太差了，去了城市的鼻子不久就坏掉了。而留在乡村的鼻子呢？却一直活到白发苍苍。

校长点评

讲故事是少先队的一项传统活动，也是少年儿童思想道德建设的重要途径。我校少先队员积极行动起来，生动活泼地开展了"讲故事、长知识、知荣辱、学做人"主题教育活动，取得了丰硕成果。

学校把讲故事活动纳入德育教育的整体规划，作为全员育人、全面育人的重要举措，在加强校园文化建设上进行了积极的探索；家长和孩子一起编故事，改故事，讲故事，促进了故事创作的繁荣；社会各界从各自角度积

极给予关注和扶持，形成了浓厚的文化氛围。少先队组织充分发挥自己的优势，广泛动员，深入辅导，发挥了小主人的主体作用；他们在辅导员的带领下，认真观察生活，体验生活，将发生在自己身边的典型事例编写成故事，有情节、有人物、有爱憎、有情感，歌颂八荣、抨击八耻，符合当代少年儿童的身心特点和文化需求，成为常抓不懈的活动品牌。

校长们被队员们的精彩表演所吸引

故事大王讲荣辱活动因地制宜、形式多样，鼓励队员人人编故事，人人讲故事，人人争做故事大王，即锻炼了自己的口头表达能力，也培养了自己的艺术才能。活动突出教育性，针对不同年龄阶段少年儿童的生理、心理发育特征、知识水平和能力，从实际出发，讲求活动实效。活动注重趣味性，注意克服成人化、概念化的倾向。活动充分发挥队员的积极性和创造性，充分挖掘个人和集体的潜力，让更多的好作品涌现出来。活动面向基层、活跃中小支队，让思想性、知识性、趣味性、儿童性并重的好故事丰富课余生活，占领文化阵地，教育引导少年儿童养成“热爱祖国、服务人民、崇尚科学、辛勤劳动、团结互助、诚实守信、遵纪守法、艰苦奋斗”的良好品德，成为勤奋学习、快乐生活、全面发展的一代新人。

校长　王　群

我们的旗帜火一样红

主题活动纪实

ZHU TI HUO DONG JI SHI

“福娃进校园”主题活动暨
2007年学校春季田径运动会开幕式纪实

时间：2007年4月30日

地点：北航附小

“福娃进校园”大会会场

活动背景：2005年12月5日由中共北京市委教育工作委员会、北京市教育委员会下发的《关于印发北京市学校奥林匹克教育行动计划的通知》（京教工[2005]53号）传达后，我校积极响应，紧密围绕着“抓机遇、做贡献、促发展、留遗产”十二字的指导方针，开展了一系列的奥林匹克教育活动。2007年海淀教工委、少工委号召在海淀区各校开展“福娃进校园”启动仪式，其目的是以福娃进校园为龙头开展有特色的奥林匹克教育活动，从而进一步促进青少年思想道德教育和文明素养的提高，促进学生德智体美的全面发展。为此，我校利用学校春季田径运动会开幕式之际，启动了“福娃进校园”主题活动。

参加此次活动的主要领导和来宾：

乔　键　海淀区教工委副书记

纪小恒　海淀区少工委负责人

贾　鸿　海淀区双榆树中心学区校长

蔡士辉　海淀区双榆树中心学区德育主任

董京垣　海淀区双榆树中心学区少先队总辅导员

齐跃华　中国人民解放军61932部队政委

刘德贤　中国人民解放军63901部队政治处主任

刘　刚　北京航空航天大学校长助理、发展规划处处长

刘俊德　北京航空航天大学关心下一代工作委员会秘书长、离退休党委书记

王　群　北京航空航天大学附属小学校长

特邀嘉宾：

钟群鹏　中国工程院院士、北京航空航天大学材料科学与工程学院教授

曲宗湖　中国学校体育研究会副会长、教育部体卫艺术教育司原副司长

柯　英　中国少先队工作学会辅导员专业委员会副主任、辅导员杂志社总编

贺玉强　杰威国际公司董事长

会议议程：

一、介绍与会领导和来宾（略）

二、入场式

解说词：

★少年军校方阵 —— 现在向我们走来的是北航附小少年军校方阵。北航附小少年军校成立于1993年7月18日，是由北航附小与中国人民解放军63901部队和61932部队共同创建的。作为全国少年军校首批示范校，北航附小少年军校学员们多年来在少年军校中了解国防知识、掌握卫国本领、树立报国志向，用实际行动谱写爱国新篇章！看！他们的队伍多么威武雄壮。

少年军校方阵

★俱乐部方阵 —— 迎面走来的是俱乐部方阵！他们饱含热情、精神焕发、朝气蓬勃、步伐矫健。我校体育俱乐部是国家体育总局于2002年8月正式批准挂牌成立的第三批国家青少年体育俱乐部，是海淀区第一家小学综合性青少年体育俱乐部。我们的口号是“我选择、我运动、我快乐”。俱乐部自从2002年组建后，在北京市青少年体育俱乐部评比中连续获奖，并为北航附中、一零一中学、北大附中、八一中学、师大实验中学等学校输送过多名品学兼优的学生。几年来俱乐部已成为同学们心中的“快乐老家”；体育俱乐部——健将的乐园、冠军的摇篮！我们衷心祝愿俱乐部越办越好！

★少先队方阵 —— 中国少年先锋队是中国少年儿童的群众组织，拥有一亿三千多万少先队员。少先队员们在参与中学习，在服务中体验，在锻炼中成长。他们在星星火炬指引下时刻准备着，用行动争做文明小使者、做节能小主人、做环保小能手、做安全小卫士、做和谐小天使、做快乐小“福娃”！“福娃”进校园，校园盛开文明花；“福娃”进家庭，家家和谐喜洋

洋；"福娃"进社区，社区处处树立新风尚。多种一棵树，多添一片绿；多栽一盆花，多添一缕香。"福娃"催出新气象，"福娃"就是你、我、他！快乐福娃在行动，办好奥运靠大家！看！我们少先队员，万众一心，奋发向上，高举星星火炬的旗帜，为实现同一个世界，同一个梦想贡献力量！

★六年级方阵 —— 看！六年级代表队的同学们迈着整齐的步子走过来了，他们即将毕业，带着童年的梦想，步入青春的殿堂，这每一步是那样的豪迈、那样的坚实，我们坚信他们一定会凭借自身的睿智与顽强的毅力走出绚丽的人生、走向成功的巅峰！我们期待着他们在运动会中取得好成绩，并预祝他们升入理想的中学。愿他们追求卓越、实现自己的人生理想，最终成为建设祖国的生力军！

六年级方阵

★五年级方阵 —— 看，五年级方阵正雄赳赳、气昂昂的向着主席台走来，意气风发、活力四射！他们那矫健的身姿、自信的步伐，展现出五年级同学的豪情壮志！他们立志要为奥运China献出自己全部的力量，他们要在这次校运会上展示自己的风采！他们要刷新附小奥运纪录，再造新的辉煌。听——他们的口号多么响亮！ 看！他们的梦想从这里放飞！

★四年级方阵 —— 别样的风采、高昂的斗志、稳定的步伐、嘹亮的口号，走过来的是四年级方阵。看！他们的步伐多么整齐，他们代表的是奥运五环中黑色的一环，黑色光环代表非洲。我们北航附小的奥运"同心结"手拉手国家正是非洲的佛得角共和国。愿我们与佛得角小朋友手拉手，心连心，友谊地久天长。愿四年级全体运动员在本届运动会上赛出水平、赛出风格、赛出优异成绩。

四年级方阵

★三年级方阵 —— 在我们的翘首期盼中，由三年级同学组成的大洋洲代表队带着春天的绿色向我们走来了。看！他们步伐坚定，朝气蓬勃，怀着对友谊的渴望，带着对奥运的憧憬，他们决心以顽强的拼搏、勇于创新的精神，在春运会上尽情展现三年级同学的风采。祝愿他们以绿色奥运为追求，在人生的竞技场上做到更快、更高、更强！

★二年级方阵 —— 现在走向主席台的是象征美洲的二年级方队。他们迈着整齐的步伐，虽然年龄很小；但是他们满怀信心地参加本届春季运动会，力争在本届运动会中赛出风格，赛出水平，取得精神文明和体育比赛成绩的双丰收。看！他们充满稚气的小脸，洋溢着朝气与欢乐，多像一群福娃在呼唤“北京欢迎你、中国欢迎你”。

二年级方阵

★一年级方阵 —— 瞧！一年级的小同学们面带微笑向主席台走来了。他们挥舞着手中的气球，每个气球都充满着欢乐，每个气球都充满着童话般的梦想。气球满载着同学们的祝福，祝福同学们能够在北航附小这个大家庭里茁壮成长，祝福北航附小的明天更加辉煌灿烂！祝福我们的奥运健儿赛出好成绩！

三、福娃进校园仪式

1. 迎福娃

主持人：2008正向我们走来，奥林匹克的圣火将在我们手中传递。我校作为北京2008年奥林匹克教育示范校，开展了一系列的奥林匹克教育，引导少年儿童从我做起、从现在做起、从小事做起，养成良好的行为习惯，为奥运北京添光彩。今天我们在这里召开北航附小春季运动会，目的是为了让队员们通过模拟奥运赛场体验奥林匹克的魅力！看！我们的五位亲密的伙伴也来到我们中间，让我们一起呼唤他们的名字——

全体队员：(大声呼唤) 贝贝、晶晶、欢欢、迎迎、妮妮，

主持人：这就是北京向全世界发出的最诚挚的邀请——

全体队员高呼：北京欢迎你！

主持甲：看！他们来了！“北航附小的小福娃”将为我们带来奥运福娃颂。

2. 诗朗诵《奥运福娃颂》

贝　贝：电子时针的精确闪烁，报告着一个历史时刻的匆忙，

晶　晶：谁都听得见2008奥运会的脚步，大踏步在向北京走来，

欢　欢：全世界所有人都在关注，关注着一个庄严的承诺，

五人合：2008年的北京奥运会，怎样做到最好、最棒！

晶　晶：全世界所有人都在关注，

五人合：关注着一个古老的民族，如何让五星托举着的五环，创造出人类新的辉煌！

队员们在朗诵《奥运福娃颂》

欢　欢：中国，

东方阵队员：一个阳光灿烂的地方，

迎　迎：北京，

西方阵队员：一个朝气蓬勃的地方，

妮　妮：CHINA，

东方阵队员：一个诞生福娃的地方，

晶　晶：BEIJING，

全　体：一个创造奇迹的地方。

欢　欢：人文奥运、科技奥运、绿色奥运，正在成为有特色、高水平的实践。

贝　贝："我参与、我奉献、我快乐！"

五人合：正在诠释着最新版本的《奥林匹克宪章》。

迎　迎：我们在奔跑、跳跃和投掷中，体会奥林匹克更快、更高、更强的精神。

妮　妮：我们在游戏、锻炼和学习中，吸收奥林匹克参与、和谐、发展的营养。

晶　晶：携起手来，五大洲的小伙伴，让我们共同朗诵顾拜旦的《体育颂》。

五人合：一起荡起快乐的双桨，一起托举明天的太阳！

欢　欢：几十万小福娃传递奥运圣火，

合（晶晶的声音要更大）：圣火在传递中——

全　体：越——燃——越——亮！

作者：徐刚

3．火炬传递

活动说明：模拟奥运会火炬传递过程，使同学们进一步感受奥运精神。火炬传递手为：北航附小学生、共建部队战士、学生家长、北航附小教师、海淀区少工委领导。

解说词：

奥运圣火已在雅典点燃，正在传遍世界各地。大家还记得去年冬季，我们全校师生举办的“奔向2008象征性长跑比赛”吧？我们的运动小将姚竹已将燃烧着的圣火从雅典迎接到我们的北航附小校园，今天，她又再次来到我们中间。回头看，姚竹手持熊熊燃烧的火炬已跑进我们的操场，那燃烧的火炬，点燃了我们对奥运的期盼，对奥运的向往。

看，正在接过圣火火炬的是我们共建部队的战士，北航附小与两支部队共建，已经经历了十四年的时间，在共建部队的帮助和支持下，少年军校已成为全国少年军校示范校，在迎奥过程中，两支部队的官兵也为2008年奥运圣火添上了灿烂的一笔。

看，火炬传到了我们的家长手中，家长朋友们也加入到我们的火炬接力传递中，北航附小家长们对学校的工作一向大力支持，家校通力合作达到共同育人的目的。今天他们将圣火传递，希望奥运精神传遍每一个社区，每一个家庭。

快看，接过家长手中火炬的不是我校的温红丽老师吗？老师们也在学习奥运知识，领会奥运精神，让我们北航附小处处有奥运文化，时时有奥运氛围。温老师高举火炬跑向主席台，同学们兴奋了，激动了，齐声高呼着：“北京2008，奥运2008”。

看，接火炬的是我们的乔键副书记，这次有很多领导也来参加我们的活动，期望我们将奥运精神传递，期盼我们将民族精神传承。乔书记将火炬传给了我们的学生代表袁辛蕾，熊熊燃烧的圣火在跳跃着，仿佛也按捺不住喜悦的心情，想要跳出来，冲向蓝天，冲向宇宙。

海淀区少工委乔键副书记把火炬传递给北航附小的学生

4．领导和运动员代表讲话

1）海淀区教工委副书记乔键

2）北航附小校长王群

3）运动员代表崔一凡

5．签名仪式

解说词：

今天我们在这里相聚传递奥运圣火，传递奥运精神，我们在这里签名承诺为办一届有特色、高水平的奥运会做出自己的贡献。让我们欢迎领导嘉宾和我们一同写下对奥运的美好祝愿！

我们的运动员代表也在横幅上签上自己的诺言。

我们的签名将于海淀区各校的签名组成一条长达2008米的横幅由少工委送到奥组委，作为海淀少年对奥运的期盼与祝福！

领导和同学们签下对奥运的美好祝愿

四、体育表演

1. 旗操表演

解说词：

下面即将展示的是北航附小少年军校的旗操表演队。他们曾代表中国少年军校总校参加了建国以来首届少年儿童春节晚会。

旗操表演

看！小学员们英姿飒爽，充分展现了少年军校学员们诚实、勇敢、活泼、团结的作风。一面面鲜艳的旗帜就像和平的信使，连结着你，连接着我，连接着我们大家。愿我们手拉起手，共同创造美好的地球家园。

2. 航模表演

解说词：

北航附小具有得天独厚的条件，高科技、航空航天的新领域给孩子们留下了太多的想象与创造空间。今天我们请来了北航大学宇航学院的大学生，他们为我们带来了自己研制的火箭——北航一号。

2006年11月1日，由北航十四名大学本科生设计和研制的探空火箭“北航一号”在中国酒泉卫星发射中心发射成功。这是中国第一枚完全由大学本科生设计和研制的探空火箭，也是酒泉卫星发射中心发射的第一枚由大学生设计的火箭。在北航大学航空航天的氛围影响下，北航附小对孩子们从小就开始进行航空航天知识的传授、技术的培训和航空航天精神的培养。让我们翘首以待，从基础操作开始吧。我校航模小组的同学将现场为大家进行“火箭助推滑翔机放飞”表演。火箭助推滑翔机是航天模型与航空模型结合在一起的一种模型，也叫做航空航天模型。它是将模型火箭与滑翔机有机地结合在一起，利用模型火箭发动机作动力助推爬升，靠滑翔机利用空气动力进行滑翔着陆的体育器具。现在让我们大家一起来为火箭助推滑翔机的点火起飞进入倒记时——10、9、8、7、6、5、4、3、2、1，点火！

放飞航模表演

五、“福娃进校园”暨2007春季运动会开幕式结束，宣布春季运动会开始

同心结 连天下
拥抱和平 走向未来

——迎“六一”主题大队会

“同心结”大会会场

时间：2007年5月31日

地点：北航附小

活动背景：积极响应北京奥组委发起的“同心结”交流活动，传播奥林匹克知识，弘扬奥林匹克精神，促进少年儿童与奥林匹克大家庭青少年的交流，努力实现“同一个世界 同一个梦想”的心愿，共同追求“团结、友谊、和平”的奥林匹克理想；庆祝六一国际儿童节，促进少年儿童勤奋学习、快乐生活、全面发展。（北航附小与非洲佛得角共和国“巴比迪斯塔”小学建立了“同心结”联系）

参加此次活动的主要领导和来宾：

何　赛　佛得角共和国驻华大使馆一等秘书

沈士团　原北京航空航天大学校长、教授

刘存安　北京航空航天大学机关党委书记

刘　军　中国人民解放军61932部队副政委

丁　莉　中国人民解放军61932部队干事

马进喜　北京航空航天国际交流与合作处处长

蔡国飙　北京航空航天大学宇航学院常务副院长

王　群　北京航空航天大学附属小学校长

会议议程：

一、介绍与会领导和来宾

二、队会开始

（一）新队员入队仪式

1．宣布新队员名单

2．授巾

授巾时老队员对一年级新队员说一句祝贺的话或提一个希望，新、老队员互敬队礼。

3．新队员宣誓

誓词：我是中国少年先锋队队员。我在队旗下宣誓：我热爱中国共产党，热爱祖国，热爱人民，好好学习，好好锻炼，准备着：为共产主义事业贡献力量！

4．新队员向尊敬的领导来宾、辅导员老师和少先队员朋友们致少先队队礼

5．新队员献词

新队员集体朗诵“我心中的红领巾”：

从我上学的那天起，
我就羡慕哥哥姐姐胸前飘着的那团火，
那是鲜艳的红领巾。
从踏进校园的那一刻，我就暗下决心，
要像他们那样把红领巾挂在胸前。

新队员献词

于是，我努力学习，遵守纪律，我勤奋上进，积极锻炼。
于是，我知道诚实，勇敢，活泼，团结，
我知道人民的利益高于一切。
终于，我迎来了，迎来了，今天——这光荣的时刻。
双手接过鲜艳的红领巾，也接过了期望。
我把它高高举起，红红的像一盏航灯，
点亮我们的心灵。
从今天起，我的胸前也会飘着那团火。
从今天起，我——也是一名光荣的少先队员。
为了让这团火燃烧的更旺，我会尽我最大力量，

让奖章挂满胸膛，让希望萌芽、成长、成长。

心中的红领巾，我要为你歌唱；

心爱的红领巾，我要为你增光。

（选自：少先队北京市工作委员会主编的《红领巾之歌》——北京市少先队活动献词、串联词选编的第178页　作者：崔玉春）

6．一年级建队，授中队旗和颁发中队辅导员聘书

王群校长：经北航附小少先队大队委员会研究决定，特聘请黄玉菊老师为一（1）中队辅导员、赵淑华老师为一（2）中队辅导员、李菲老师为一（3）中队辅导员、侯丽老师为一（4）中队辅导员。

7．大队辅导员宣布北航附小获得荣誉称号的优秀少先队员名单

北航附小十佳少先队员名单：二（1）中队李怡萱、三（3）中队谢庭毅、四（4）中队王乐、五（1）中队赵彦洁、五（2）中队王思琪、五（3）中队钱姝贝、六（2）中队齐硕、贾雨桐、六（3）中队谢维思、六（4）中队黄冰心

北航附小获双榆树中心学区优秀少先队员标兵名单：二（3）中队周庆庆

北航附小获双榆树中心学区“十佳”少先队员名单：三（2）中队王雪涵

北航附小获北京市“十佳”少先队员名单：五（3）中队方诗婧

8．全校师生齐唱《感恩的心》

师生同唱《感恩的心》

解说词：在我们成长的历程中，倾注着老师的关爱，家长的嘱托、同伴的帮助。渐渐的，我们从一个不懂事的孩子，变成了全面发展的少年。我们感谢所有帮助过我们的人。让我们怀着一颗感恩的心，回报培育我们的祖国和人民。

（二）与佛得角共和国驻华大使馆一等秘书何赛先生互动活动

1．学生代表采访何赛先生。

2．何赛先生教学生们用葡萄牙语说：“加油，全体同学动起来！”

3．何赛先生为学生们演唱佛得角的民歌。

4．全体同学齐唱《手拉手》。

歌词的大意：

我的心灵就是你的家园，你的朋友也是我的兄弟。

我的欢乐就是你的笑声，你的忧虑也有我的泪滴。

我的爱心就是你的友谊，你的情意也是我的心意。

我的进取就是你的努力，你的成绩也有我的荣誉。

手拉手心连心，我们相互帮助祖国才会更美丽。

我们手拉手心连心，大家心心相映，世界就会春风不息。

5．向佛得角共和国的小朋友赠送北航附小的学生画。

队员们在采访何赛先生

把同学们画的画送给佛得角的小朋友们

(三) 大队辅导员总结发言

发言词：

亲爱的队员朋友们：在“六一”儿童节即将到来之际，我祝大家节日快乐!在这喜庆的日子里，我们少先队组织又迎来一批新伙伴，祝贺你们加入中国少年先锋队，你们现在已经成为一名光荣的少先队员了！希望你们在少先队的集体中努力学习、积极实践、勇于创造，从小树立振兴中华的爱国意识、自律自强的生存意识、团结协作的群体意识、追求真知的创造意识，做中国特色社会主义事业的合格建设者和可靠接班人!

(四) 呼　号

三、宣布同心结 连天下 拥抱和平 走向未来暨庆“六一”主题大队会结束

学航天精神 为祖国喝彩

——纪念改革开放30周年主题大队会暨科技节启动仪式

"学航天精神"大会会场

时间：2008.10.10

活动地点：北航附小

活动背景：2008年是中国改革开放30周年。为了充分挖掘北航丰厚的教育资源，通过"我和长辈比童年"活动学习航天精神，让队员真切的体验到"航天人"严谨做事，踏实做人，勇于创新、艰苦奋斗的科学精神，从而感受到中国了不起，中国人了不起，我校以科技节为载体，举行"学航天精神，为祖喝彩"主题大队会，激发队员的创新意识，学科学、爱科学、用科学的热情，培养队员科学严谨的探究态度，实事求是的务实作风和敢为人先的创新能力，从小树立"做了不起的航天人"的远大志向。

参加此次活动的主要领导和来宾：

张凤华　海淀区教委副主任

刘文英　海淀区小教科科长

纪小恒　海淀区少工委主任

王宣德　海淀区校外办体美科主任

贾　鸿　海淀区双榆树中心学区书记、校长

蔡士辉　海淀区双榆树中心德育主任

刘　军　中国人民解放军61932部队副政委

丁　莉　中国人民解放军61932部队干事

钟群鹏　北京航空航天大学材料科学与工程学院教授，中国工程院院士

马　军　北京航空航天大学机关党委书记

王　群　北京航空航天大学附属小学校长

会议议程：

一、介绍与会领导和来宾

二、升国旗、唱国歌

三、来宾讲话

四、大队长讲话

大队长：“学航天精神为祖国喝彩”主题大队会现在开始！亲爱的队员朋友们，大家好！众所周知，今年是我国改革开放30周年，也是中国少年先锋队组织恢复30周年，同时又是海淀区中关村科技园区成立20周年。在这金色的10月，我们相聚在星星火炬旗帜下，看奶奶手中的那本老相册，问爷爷的童年是怎样度过，听妈妈讲那过去的故事。我们和长辈比童年的幸福，向身边的航天人学习进取的精神！我们的小摄影家寻找新北京的变化，我们的“亮眼睛”小记者采访了一个又一个航天人；我们的“故事大王”讲述着科学家童年的故事，我们用心去寻找祖国改革开放30年的巨变，我们感悟到了在长辈身上体现出的航天精神，体验见证了“科技强国”的硬道理。我们作为航天人的后代，要以实际行动将“航天精神”发扬光大！

队员朋友们，请大声说出航天精神是什么？

全体队员互动：特别能吃苦（二、三年级齐呼唤）、特别能战斗（二、三、四年级齐呼唤）、特别能攻关（二、三、四、五年级齐呼唤）、特别能奉献(二、三、四、五、六年级齐呼唤)。

大队长：让我们以航天人为榜样，从小学科学、爱科学、用科学！今天我们学习航天精神 为祖国喝彩！明天我们用实力，让祖国以我们为骄傲！

五、学生配乐诗朗诵

春天的故事

千年，百年，三十年
岁月转瞬成为永恒的记忆
在这片古老的土地上
长城，依旧蜿蜒万里
长江，依旧奔流不息
从北国到江南
锦绣河山依旧如此多娇
可是，中国已经翻天覆地

不再是秦时明月汉时关
不再是马可·波罗的东方传奇
不再是八国联军蹂躏的病弱之躯
不再是东洋战刀宰割的雄鸡
不再是苦难中摸索的一支孤旅
中国，从古代走向近代与当代的中国啊
被鲜血、眼泪和汗水浸透的中国啊
从此不再像黄河纤夫一样喘息
文明古国已经创造了自己的命运芯片
在东方的天幕上显示出真理的秘密
这个秘密就是一把神奇的钥匙
改革开放将中国与世界的大门开启
激活了东方与西方的百年僵局
人类被市场这双无形的手紧紧握在一起
亿万中国人重新捕捉到生活的意义
思想的缰绳变为了幸福的飘带
描绘出飞天神话新的奇迹

六、航天人的故事

主持人：从中国蓝天第一人——冯如，到中国自行研制的中近程火箭发射成功；

从远程运载火箭到“神州六号”发射成功；

从“嫦娥一号”的绕月之旅到“神州七号”的“月上行”；

无一不倾注历代航天人的心血。

请听故事大王讲述“航天人”的故事……

学生：在一次偶然的机会里，我们结识了长三甲系列火箭副总设计师姜杰阿姨，她给我们讲述了一段有关“嫦娥一号”幕后英雄的感人故事……

2007年10月24日，在中国运载火箭发射史上，是一个永远值得铭记的日子。18时05分，随着一声巨响，发射塔架四周浓烟漫起，橘红色的火光中，乳白的长三甲火箭托举“嫦娥一号”直刺苍穹……经过1473秒的飞行后，长三甲火箭将“嫦娥一号”送入太空，18时29分，星箭分离，卫星进入预定轨道，入轨精度达到99.9%，远高于要求的99.7%，发射取得圆满成功。长三甲火箭实现了探月工程要求的“准时发射，准时入轨”的工作目标，为中国人的探月之旅打造了完美的“登月天梯”。

长三甲火箭从1994年首次发射以来，创造了100%的发射成功率，享有“常胜将军”的美誉。这一切都离不开尊重科学、自主创新、严慎细实的求实精神。长三甲火箭创立了100余项新技术，4项重大关键技术项目，实现了3次重大技术突破，近几年又成功地应用了以控制系统冗余技术为主的15项新技术，航天人骄傲的说，长三甲火箭走了一条自力更生、开拓创新的道路。

归零，是航天产品质量管理中的一个特有名词，是指在发现产品存在质量问题后，认真查找原因并将问题解决的过程。冗余技术在首次应用时，发射前几天时，一个设备出现软件问题，按照质量要求，必须在第一时间进行问题归零。当天，姜阿姨和两位科技人员就带着设备从西昌赶往北京，当她们赶到实验室时，已是凌晨1点，全体参与这项工作的同志们都在等着她们。姜阿姨立即组织大家准确解决定位问题，大家分工协作，连夜行动，经过48小时不眠不休的工作，最后，修改了软件，通过了试验验证，问题得到了归零。

当她们满怀信心赶回发射场时，等待她的是一场近乎于“苛刻”的评审会。各级领导和专家向她提出了一连串严厉的管理问题，“为什么设计上会发生这个问题？为什么到发射场才发现问题？是否还存在类似的问题？”姜阿姨一一作了详实的解释。在评审完的那一刻，她想起那些日夜攻关的同事们，两年来的连续加班、忘我工作，为火箭冗余技术达到国际先进水平、为火箭可靠性大幅度提高做出的大量工作、付出了艰辛的劳动。此刻，自责、委屈、一股脑的涌上她的心头，素有“女强人”之称的她不禁潸然泪下。

但这就是航天，这就是火箭，这就是航天人的工作！不论付出的辛苦多么大，出现的问题多么小，在质量面前，只能严肃认真，没有任何借口。

举一反三是一个航天领域内的管理术语。此次发射“嫦娥一号”的长三甲火箭在总装车间检测完毕后，从前方发射场突然传来其他型号火箭上发现多余物的消息！当时型号队伍出现了两种意见：一种是拆卸火箭，进行严格的检查；另一种意见：不拆，如果拆卸的话，可能会带来新的问题。火箭总指挥岑拯、总设计师贺祖明在关键时刻拍板决定——拆！确保不带任何隐患上天，同时对拆卸过程提出严格要求。经过一个月的仔细检查，没有发现多余物，大家的心这才踏实下来，坚定了发射成功的信心。

姜阿姨说，“苦”，对于航天人来说，算不了什么。条件越是艰苦，越能砥砺意志；环境越是恶劣，越能激发航天人的奉献激情。作为航天人，在选择这项事业的时候，我们就许下誓言，把一切献给航天，把一切献给祖国。抛开鲜花和荣誉的光环，航天人说到底就是奉献。对于亲人，我们是亏欠的；对于自己，我们是苛刻的。只是在火箭飞上天的那一刻，我们的爱恨悲欢，都溶化在了无言的泪水中”。

记得，当我们问她：“我国的火箭为什么会命名为长征”。她的回答令我们永生难忘。她说：“20世纪60年代，新中国第一代航天人有感于火箭事业发展道路如同万里长征路，虽然充满了艰辛，但必将取得胜利，于是把我国的火箭命名为“长征”。”是啊！从长征路到飞天路，贯穿两部伟大史诗之中的，是同样一种自强不息、开拓创新、顽强拼搏、无私奉献的精神，是我们的民族之魂。航天人就是以这样的民族之魂，开创了中国航天事业的新长征！

今朝，“神州七号”实现了人类漫步太空的梦想！看！那喷薄而起的火箭，是航天人追求民族振兴的激情！它谱写了中华民族征服太空的雄浑颂歌。航天人在秉承着中华民族的优良品质，在人类征服太空的伟大探索中，在中华民族实现伟大复兴的征程中，必将续写出，令中国人更加自豪与骄傲的辉煌！

七、采访北航科学家

采访钟群鹏院士

主持人：听了如此感人的故事，作为航天人的后代，我们由衷的感到无比的自豪。那么，这些了不起的航天人的童年又是怎样度过的呢？今天我们有幸请到了北航院士钟群鹏爷爷，现在请钟爷爷讲话。

钟爷爷：今天参加这一仪式，我感到非常高兴和激动，说明我国的航空航天事业后继有人，前途无量。我祝愿大家在祖国的航空航天事业当中，在未来的探月探火星事业当中，做出贡献。我小的时候就是要立志做机械师，后来上了清华大学的航空学院，现在成了航空航天大学的一员。我希望，不仅是我要为航天事业作贡献，希望航天事业成为我国的辉煌事业。祝愿大家好好学习、力争成才。

八、舞蹈：放飞梦想

九、成立"航天中队"及其他特色中队、小队，并请院士、领导为特色中队授旗

舞蹈"放飞梦想"

主持人：踏着社会日新月异发展的节拍，我们迎来文明进步、科技飞速发展的时代。知识经济呼唤英才辈出，科技强国，中华民族才能屹立于世界民族之林。我们是新世纪的中华少年，勤奋学习、快乐生活、积极进取、乐于实践、勇于创新、全面发展。我们是少先队的小主人，是祖国未来的栋梁。

在少先队组织恢复30周年的今天，我们以小主人的身份，走出校园、走进家庭、走上社会，在体验中成长，在实践中创新。队队有特色，人人有特长，看，一面面特色中队的队旗，飘扬在我们身旁。

1．大队辅导员宣布特色中队批准决定

本次批准的特色中队是：

授特色中队队旗

二（3）中队为"青鸟"中队，聘请陈凤花老师为中队辅导员；

二（4）中队为"阳光少年"中队，聘请武李立老师为中队辅导员；

三（1）中队为"快乐"中队，聘请夏梁宏老师为中队辅导员；

五（1）中队为"自主"中队，聘请续军荣老师为中队辅导员；

五（2）中队为"阳光少年"中队，聘请赵利芳老师为中队辅导员；

五（3）中队为"心语"中队，聘请裴巍老师为中队辅导员；

五（4）中队为"书香"中队，聘请谢敏老师为中队辅导员；

五（5）中队为"航天"中队，聘请张艳老师为中队辅导员；

六（1）中队为"京娃"中队，聘请郭育新老师为中队辅导员；

六（3）中队为"爱心"中队，聘请黄玉菊老师为中队辅导员。

2．领导、嘉宾为特色中队授旗

十、科技节启动仪式

1．宣读倡议书

同学们：

在这秋风送爽的金秋时节，在这2008奥运精神洒满神州大地的欢乐时刻，我校迎来了第三届“蓝天杯”科技节。2008年恰逢我国改革开放30周年，30年的历程，我国将科学技术作为第一生产力，使科技成为国家发展腾飞的原动力。我们的时代是科学的时代。强国的竞争，实质就是科学技术的较量。少年强则国家强，我们科学素养的高低将决定着祖国未来的命运。因此，我校举办科技节的目的就是在于培养同学们学科学、爱科学、应用科学知识解决实际问题的能力，培养同学们的创造性思维，培养同学们运用信息技术的能力。

在历时一个月的科技节活动中，我们将亲历一系列丰富多彩的科技活动。我们将走出校园参观一次科技展览，学习奇妙无穷的自然知识；我们将发挥聪明才智进行创新设计，制作一个科技小发明；我们将用灵巧的双手设计各种模型，参加模型竞赛；我们将展开想象的翅膀，用彩色的画笔创作一幅科技的图画；我们将进行科技调研并撰写科技小论文；我们将运用创新的思维和雄辩的口才进行一场以科技为主题的辩论会。

看，科技节迈着它欢快的脚步来了！欢迎你，欢迎他，欢迎我们大家一起踊跃参与！我们相信：大家的热心参与会给学校的科技文明建设添上闪亮的一笔，而丰富多彩的科技活动也会使大家受益匪浅。同学们，赶快行动起来 ，让你的才华在科技的舞台上闪耀登场吧！

科技组学员放飞“理想号”火箭。

2．宣读北京航空航天大学13位院士的题词

院士题词及照片见附2。

3．齐唱“天地之歌”

学生们一边唱歌，一边用橡皮筋向天空弹射自制的彩色纸飞机，寄托对科学的美好愿望。

4．辅导员讲话

发言词：

祝贺“学航天精神 为祖国喝彩”主题大队会的圆满成功，在队会筹备过程中，队员们充分发挥了少先队小主人的作用，成立了特色中队，对身边

的长辈进行了走访，通过“我和长辈比童年”的活动，了解了长辈创业的艰辛，开拓的光荣，从而更加激发了大家从小立志、刻苦学习、严谨做事、踏实做人、勇于创新、艰苦奋斗的积极性，发扬光大航天精神。

亲爱的少先队员们：你们是祖国的未来，你们是祖国的希望，你们承载着民族复兴的重大责任，应该把所学到的航天精神投入到学习和生活中去，做新一代的航天人。今天我们为祖国喝彩，相信再过20年，祖国将以你们为骄傲！

5. 呼号

十一、队会结束

附1：科技节“五个一”活动内容

(1) 看一次科技展览。

(2) 完成一项科技小发明。

(3) 三年级以下队员创作一张科技画。

(4) 四年级以上队员撰写一篇科技小论文或作一项科技调研。

(5) 六年级队员开展一次以“科技发展对人类生存环境的影响利大还是弊大”的主题辩论会。

附2：院士题词照片

李未

李未 男，1943年6月8日生，汉族，北京市人，中共党员，北京航空航天大学校长，北京航空航天大学计算机系教授，我国著名计算机软件专家，1997年当选为中国科学院院士。

李椿萱

李椿萱 男，1939年11月9日生，汉族，广东省新会市人，北京航空航天大学航空科学与工程学院教授，我国著名空气动力学与飞行器设计专家，1997年当选工程院院士。

陈懋章

陈懋章 男，1936年2月14日生，汉族，四川成都市人，中共党员，北京航空航天大学动力系教授，我国著名的航空发动机专家，1999年当选中国工程院院士。

杜善义

杜善义（1938.8.20-），辽宁大连人，飞行器结构力学和复合材料专家，哈尔滨工业大学教授，博士生导师，兼任北京航空航天大学教授，1999年当选为中国工程院院士。

钟群鹏

钟群鹏 1934年生，浙江省上虞市人，现任北京航空航天大学材料科学与工程学院教授，我国著名失效分析专家，1999年当选为中国工程院院士。

冯培德

冯培德 男，1941年4月7日生，广东恩平人，2002年至今任航空一集团科技委副主任，冯培德教授是我国惯性技术领域的著名专家，2001年被评为中国工程院院士。

李伯虎（1938.11.27——）计算机仿真与计算机集成制造专家，上海市人，航天科工集团二院科技委副主任，北京航空航天大学自动化学院院长，2001年当选为中国工程院院士。

王浚

王浚 教授，男，1935年9月出生，山西省孝义市人，北京航空航天大学航空科学与工程学院教授，我国著名人机与环境工程专家，2001年11月被选为中国工程院院士。

戚发轫

戚发轫（1933.4.26-），辽宁省复县人，空间技术专家，神舟号飞船总设计师，曾任研究院副院长、院长，现任中国空间技术研究院技术顾问，兼任北京航空航天大学宇航学院院长，2001年当选为中国工程院院士。

姚骏恩

姚骏恩 男，1932年4月9日生，汉族，上海人，北京航空航天大学教授，2001年增选为中国工程院信息与电子工程学部院士。

张彦仲

张彦仲（1940.3.4-），航空系统工程及信号处理专家，陕西省三原县人，历任中国航空研究院院长，航空部、航空航天部总工程师，中航总副总经理，中航二集团总经理，兼任北京航空航天大学教授、博导，2001年当选为中国工程院院士。

“红领巾系着我和你”主题大队会

——情系灾区 心系伙伴 红领巾特别行动纪实

“红领巾系着我和你”大会会场

时间：2008年5月31日

地点：北航附小

活动背景：2008年5月12日14时28分04秒，汶川8级强震猝然袭来，大地颤抖，山河移位，满目疮痍，生离死别……西南处，国有殇。

这是中华人民共和国自建国以来影响最大的一次地震。震级是自1950年8月15日西藏墨脱地震(8.5级)、和2001年昆仑山大地震（8.1级）后的第三大地震，直接严重受灾地区达10万平方公里。

2008年的“六一”与以往不同。队员们惦念着远方的伙伴是否平安，队员们捐助的物资是否到位，汶川的新队员朋友能不能带上红领巾……这一切，牵动着北航附小每位师生的心。地震发生的第二天，我校师生及家长共向灾区捐款十万两千七百五十三元零七分。此后又积极参与海淀少工委的号召，向灾区小朋友捐了大量的书包、课本、文具等。5月31日，我们召开“红领巾系着我和你”主题大队会。

参加此次活动的主要领导和来宾：

刘　　军　中国人民解放军61932部队副政委

张　　蕾　中国人民解放军61932部队干事

欧阳小松　海淀区消防支队双榆树中队副指导员

杨　　奕　中国人民解放军第二炮兵政治部创作员

马　　军　北京航空航天大学机关党委书记

刘 存 安　原北京航空航天大学机关党委书记

李 淑 芬　北京航空航天大学工会副主席

王　　群　北京航空航天大学附属小学校长

会议议程：

一、介绍来宾

二、少先队员代表向来宾敬献红领巾并献词

三、队会开始

(一) 新队员入队仪式

1. 出旗，唱队歌

2. 大队长（赵彦洁）讲话

亲爱的队员朋友们：

你们好！

今天我们欢聚在一起度过咱们少年儿童自己的节日——“六一”儿童节。首先我提议：全校同学请举起右手，用少先队员最高的礼仪，向四川地震灾区的同学们致以节日的问候！向抗战在地震前沿的解放军叔叔致以崇高的敬礼！

敬礼——礼毕！

2008年5月12日，汶川大地震使得许多像我们一样年龄的小朋友顷刻间失去了家园、亲人和自己的生命。温家宝爷爷在北川中学曾经挥笔提下“多难兴邦”四个大字，鼓励灾区的孩子们学好本领报答全国人民对他们的帮助。我想我们就更应该努力学习，除了为灾区募捐表达一份爱心的同时，要记住自己的责任，让星星火炬代代相传。

今天还有很多一年级的小弟弟小妹妹们将迎来他们人生中第一个庄严的时刻——加入光荣的少先队组织，戴上鲜艳的红领巾，成为一名光荣的少先队员。在此让我们用热烈的掌声欢迎他们加入少年先锋队，希望我们能时刻为自己是一名少先队员而骄傲，牢记自己的责任，好好学习，天天向上。

作为我们六年级的老队员，我们将是最后一次在自己的母校和老师们、同学们一起欢度节日，我们的心情是激动而复杂的。在老师们辛勤的培养教育下，我们茁壮成长，马上就要进入中学成为一名中学生，我们在感恩老师教诲的同时也为即将离开母校而依依不舍。请老师放心！我们会永远记住母校的培育之恩，在今后的人生道路上，继续努力学习，用优异的成绩来向母校汇报！

真诚的希望小弟弟小妹妹们发扬北航附小的优良传统，谨记校训！努力学习，创造优异的成绩为红领巾争光、为队旗添彩！也真诚的祝愿老师们多保重身体，愿我们的母校永远朝气蓬勃、蒸蒸日上！师恩难忘！向老师们敬礼！

2008年是崭新的一年，在首都北京即将举办全世界的体育盛会——“奥林匹克运动会”。作为首都的少先队员我们是自豪的、幸运的！我们应该以怎样的行为来迎接来自五大洲的朋友呢？“微笑北京”是我们最好的名片。让我们展露美好的笑脸，把我们中国少年儿童最友好、最好客的一面展示在世界面前，为奥运会成功举办做出我们的贡献。

最后祝同学们节日快乐！

3．发展新队员、组建中队

1）宣布新队员名单；

2）授巾；

3）宣誓；

4）新队员代表［一（2）中队张雪研］讲话；

5）一年级建队，授中队旗和颁发中队辅导员聘书。

（二）“情系灾区、心系伙伴”北航附小爱心传递活动

1．采访抗震救灾的英雄杨奕

采访抗震英雄杨奕

主持人：杨叔叔您好，听说在这次抗震救灾中您曾在灾区第一线参加救援，您能谈谈您的感受吗？

杨奕：今天，看到那么多小朋友又戴上了红领巾，从大家的眼神中我看到了幸福，我不禁想起了灾区的儿童。他们在地震发生后面临着各种各样的困难，经历着从未经历过的痛苦。但是他们非常顽强、非常勇敢，面对灾难他们互相帮助，互相鼓励。我听北航附小学生雷天扬说，地震后不久，咱们学校的师生多次为灾区的伙伴捐款捐物。我想，有你们的帮助，他们一定会早日走出困境，开始新的生活！我想我们全国的人们都心系灾区，衷心祝愿他们好人一生平安。

2．诗朗诵：我们和你在一起

今年的“六一”与以往不同，
今年的“六一”让我们感受的太多，太多，
今年的“六一”让我们懂得了许多，许多……

我们不再像以往那样央告着爸爸带着我们去游乐场尽情嬉戏，
因为我们心中牵挂着灾区的小伙伴有没有地方摆下一张平静的书桌。

我们不再像以往那样催着妈妈带我们去吃大餐，
因为我们惦记着灾区的小伙伴能不能吃上可口的饭菜！

我们不再像以往那样缠着爷爷奶奶给我买一个日思夜想的节日礼物，
而是把姥姥姥爷送我的新衣服摸了又摸，看了又看，
精心的将它包裹，寄给远在灾区的伙伴！

老师啊！请您相信，今年的"六一"没有白过，
我们似乎突然长大了许多，许多……
我们体会到了，关爱和给予带给我们的快乐！
我们懂得了，奉献与忘我是一种高贵的品格！
我们看到了，面对困难永不言败的坚强，才是中华民族的脊梁！

挺住！亲爱的伙伴！
一瞬的灾难夺不去你一生的坚强！
来，让我们手拉手，心连心，
请相信，我们和你在一起！
哪怕生命的翅膀再沉重！
有我们在，一定要让你飞向阳光！
因为，我们从来就是—— 一家人！
我们永远和你在一起！

作者：杨璇

3. 诗朗诵"我们都是一家人"

女：当热血化作暖流融化坚冰，当圣火传递梦想点燃激情。此刻，全世界的目光，都在深情注视，这同一个世界绽放的灿烂缤纷。

男：然而，天有不测。骤然之间，灾难降临，大地在哭泣，生命在呐喊。顷刻间，富饶的城市和村庄黯然坍倒，美好的家园夷为平地，无数的同胞处在生死存亡的险境。大自然，将最残酷的考验，压在了中国的双肩上。

女：地缝里传来的呻吟，牵动着每一个华夏儿女沉重的心。

四年级的诗朗诵"我们都是一家人"

男：“一切为了灾区，全力支援灾区！”总书记的指示，满是亲切的叮咛。

女：温总理星夜赶赴灾区：“哪怕有一分的希望，我们也要用百倍的努力，把受困的群众解救出来！” 总理握着孩子的手，那布满血丝的眼中老泪欲滴。 乡亲们哭了，孩子们哭了，我们也哭了。

男：我们都是一家人。共和国的将士们来了！陆地不通，就用空降。空降不了，就走水路！灾难的前沿就是战斗的前线！

女：一位幼儿园的老师，在楼层垮塌时，她用自己幼小的身躯支起了生命的空间，保住了她怀中的四个幼儿，而她自己却献出了如花的生命。

男：一位小学生，冒着生命危险从废墟中背出了自己的同伴。

女：一位大学生，来不及告别刚刚逝去的母亲，就立即走进志愿者的行列。

男：一位医院的护士，她不知道压在医院废墟下自己的孩子是生还是死，却全力的救护受伤的百姓。

女：这个时刻，每一个孩子都是妈妈的孩子，每一位妈妈，都是大家的妈妈！情深骨肉亲，因为我们是一家人！

男：房子裂了，塌了。亲人走了。我们在泪水中集结！灾难，让我们的心贴的更紧。

女：我的亲人，我们来了！

男：我们来了！

合：我们来了！

女：我们和你们在一起，一起与灾难抗争。

男：扒开废墟，不懈搜寻生命的希望。救援空投，妥善安顿被困的百姓。

女：我们都是一家人，从中央到地方政府，他们同灾区人民一道不眠不休。

男：街头排起了捐助的长龙。小朋友们捐出了自己的零花钱，老人们捐出了养老金。

女：还有一位高位截瘫的女孩，她捐了多少我不知道，我只知道她一定已经倾尽所有，她的名字我不知道，我只知道她是一名乞丐。

男：还有咱们的企业，海外的同胞，和无数打工的兄弟姐妹。

女：再看看那位可敬可爱的伯伯，卷起衣袖捐出自己的献血。

男：我没钱，就让我给灾区的老乡们献点血吧。

女：一点很小的善心，乘以十三亿，就会变成爱的海洋！

男：一个再大的困难，除以十三亿，就是四个大字：众志成城！

女：一件件衣被是温情的传递，一顶顶帐篷撑起蔚蓝的晴天。

男：因为我们都是一家人。

男：十三亿颗爱心啊，如潮涌动！九百六十万平方公里是我们共同的家园！

合：因为，我们是一家人！

4．传递爱心卡和爱心画展板，全体齐唱《让世界充满爱》

主持人：灾区的伙伴们，请收下北航附小全体队员的一片真情！

不要怕，再大的困难，我们并肩走过！我们和你在一起！

亲爱的伙伴，让我们拉起手，向前走！

我们手拉着，心连着心！一同走向美好的明天！

同学们为灾区小朋友画的画

5．诗朗诵：我们手拉着手 我们心连着心

女1：我们手拉着手，你们的哭声揪疼了我们的心。

男1：我们心连着心，你们的呻吟萦绕在我们的梦呓！

女齐：不用再伤心，朋友，我们关注你，

男齐：不用再伤心，朋友，我们手拉着手，我们心连着心，为你们担忧。

全体：汶川，加油！

女2：我们手拉着手，搬开废墟上的瓦砾。

男2：我们心连着心，帮你们寻找自己的亲人。

女齐：不用再伤心，朋友，我们牵挂你，

男齐：不用再伤心，朋友，我们手拉着手，我们心连着心，为你们加油。

全体：坚强中国，坚强汶川。

女3：我们手拉着手，不停地搜寻着顽强的生命。

男3：我们心连着心，为你捐出了自己的压岁钱。

女齐：不用再伤心，朋友，我们惦记你，

男齐：不用再伤心，朋友，我们心手相连，我们守望相助。

全体：将爱心传递，为生命祈祷。

女4：我们手拉着手，打开我们的生命之窗，

男4：我们心连着心，为你们重建美好的家园。

女齐：不用再伤心，朋友，我们帮助你，

男齐：不用再伤心，朋友，我们手挽手，为你建设美丽的学校。

全体：请相信吧！未来的生活一定会更美好！（三遍）汶川加油！中国加油！

作者：四（3）中队 周国如

6. 主持人发言

主持人：一时的灾难压不垮坚强的中国人！地震灾区深深牵动着我们的心。

在此刻我们中国人团结一心，我们每一个人只要开始行动，就能聚合成强大的力量抗拒灾难！

队员写给灾区小朋友的信

伙伴们！灾区人民面对的巨大困难和挑战，也是我们中国人民共同的困难和考验。

每一次困难和灾害都是对我们团结精神和爱心的检验。当灾区人民不屈不挠、奋起自救时，我们也要发扬这种团结一致、一方有难，八方支援的精神，有了这样的同胞之情，我们其实每个人都可以为他人做点什么，灾难便也能在分担中减小。

在此次为地震灾区的募捐活动中仅北航附小的一千零九十七名学生捐款数额达到六万九千七百五十三元零七分；教师捐款一万两千四百元；三位家长捐款五千二百元；此外我校的24名党员教师又以特殊党费的名义捐出了一万五千四百元，至此北航附小师生及家长代表共向灾区捐款十万两千七百五十三元零七分。这些捐款已交到相关部门送往灾区，支援灾区的建设，其中海淀所有学生捐款将作为灾区的捐资助学专用款，这些捐款将为灾区建设中学、小学、幼儿园各一所。让灾区的伙伴在结实的校舍中完成学业！

队员们为灾区小朋友献爱心

灾区的伙伴啊，忘掉昨日的伤痛，去迎接胜利！相同的血脉，拉近了我们的距离！我们和你在一起！心手相连让希望继续！拿出我们的勇气，你们坚强的微笑化作我们前行的动力！擦干眼泪去创造奇迹！

在奥运火炬在全球传递和本土传递的过程中，每一个中国人都高声呐

喊："中国加油！"这一最强音是对全体中国人的期待，也是对整个中国的期待。

我们相信中国人民一定能从容应对各种挑战！团结起来，战胜灾难成功地举办好2008年奥运会！向世人展示中华民族的力量！

朋友们！让我们一起为灾区人民祝福，一起为中国加油！以奥运会东道主的身份笑迎天下宾朋！让我们手拉手，走进志愿者的行列用真诚的微笑打造北京最好的名片。

7．合唱队领唱"微笑北京"

（三）大队辅导员总结发言

亲爱的队员们，大家好！

在这个特殊的节日里，你们成功地举办了"红领巾系着你和我"主题大队会。你们让我们这些成年人再一次感动！因为，我们看到不论是刚刚带上红领巾的新队员，还是在队旗下成长起来的每一位少先队员。都在用自己的行动践行着你们的每一个微笑承诺！

灾难必将过去！然而在我们心中永远抹不去的是灾区人民坚强的微笑！是抗震救灾英雄们刚毅的微笑！是志愿者们温馨的微笑！

来吧！朋友！让我们和灾区小朋友一道，将微笑进行到底！笑对人生才是中华民族不屈的脊梁！

我校队员参加内蒙古卫视台赈灾节目录制

我们有理由相信，当2008奥运会开幕的那一天，我们又将以崭新的姿态笑迎天下宾朋！

情系灾区，心系伙伴，北航附小的队员们用特殊的方式度过了一个最有意义的"六一"。我由衷地感到，你们成长了，你们在用自己的行动为红领巾添彩！

我相信，远在灾区的小伙伴一定会感激你们，我相信，这一切源自红领巾的魅力。就让这鲜艳的红领巾系着我和你，让我们手挽手共同走向美好的明天！

（四）呼号

四、宣布大队会结束

SINCE
1954
北航附小
我们的旗帜火一样红
辅导员手记
FU DAO YUAN SHOU JI

快乐游戏跟我来

二(1)中队辅导员　王剑琴

自从我担任了二(1)中队的辅导员，内心就有很多的压力，但还是雄心勃勃，希望带出一个团结的、有活力的、具有集体荣誉感的优秀班集体。但是几个月下来，我美好的愿望始终无法实现，班内的一些问题相继出现，最严重的是下课的十分钟时间，打架现象特别严重，不是这个受伤了，就是那个被打了，流动红旗总是绕着我们班走。为此我也感到很困惑，针对这个问题我也没在班上少说，看到同学们脸上后悔的表情，我总是觉得这次应该会记住了，但是没过一会儿问题又来了……

静下心来仔细想想，看来光说教不行，得找一个更好的办法来解决这个问题。我找中队委开了个会，一起商量有什么办法解决下课乱跑乱闹的问题。大家告诉我："下课我们没有什么好玩的，跳绳踢毽我们都觉得厌烦了，男孩子又爱跑，所以就经常被值周生抓住。"了解了这个情况后，我就有了一个想法，给班内买点运动器材，比如投掷盘、呼啦圈等。可是效果还是不行，没有过几天器材就被抢来抢去弄坏了。就在这时正赶上学校要举行"春华杯"主题中队会竞赛，我想这正好是一个机会，队会的主题一下子就在我脑子里形成了——"快乐游戏跟我来"。我要带着队员创编出属于我们自己班的课间游戏，从而改变现状。让同学们通过这次活动，更加热爱这个集体，从而激发积极向上的精神。

用呼啦圈摆成的奥运五环

我找到大队辅导员，她非常赞同我的提议。在筹备队会的过程中，我才

知道，要想将队会组织好可不容易。我感到前所未有的压力，对于这个年龄段的队员能否独立地完成主题队会没有信心，毕竟他们年龄太小了。眼看着时间一天天临近，怎么办呢？后来一想，权当是一次挑战，是对自己的一次历练吧。于是，我做的第一步就是每天课间跟孩子们在一起，跟他们一起做游戏，从而发现他们喜欢的游戏是什么？哪些是不值得提倡的。同时也向别的老师学习一些游戏，最后确定了四个游戏：奥运梦想、手托乒乓、投掷对抗和蚂蚁总动员。这四个游戏既考虑了当前的奥运主题，也能体现儿童活泼快乐的天性，比较适合他们下课玩。比如“投掷对抗”就是根据他们爱玩的沙包设计出来的。所有的游戏名字是同学们自己想出来的，规则也是他们自己定的。初具规模后，试着做了一次练习，结果糟糕透了。由于低年级同学临场发挥能力不强，经常冷场。于是我开始一字一句的启发，从表情、动作到舞蹈的编排。然后下课时间再带队员们一起玩，把这些有益的游戏真正推广到他们的生活中去。经过将近一个月的准备时间，我们终于迎来了在全校师生面前展示的机会，我们队员的目标就是向全校推广健康快乐的课间游戏。等到真上台展示了，我们优美的舞蹈，切合主题的音乐，还有耳目一新的游戏都换来阵阵掌声、声声喝彩。虽然我们还是有一些漏洞，但是我和同学们都努力了，体验了快乐，也体验了成功。通过这次队会，我们班还有了很大的改变，班内的凝聚力加强了，同学们之间多了彼此的关心，合作能力也加强了。特别是下课的10分钟时间，我班原来的乱跑现象得到了明显的改善。最值得庆贺的是，流动红旗也来我们班做客了。

游戏：蚂蚁总动员

这次队会对自己也是一个非常难得的学习过程，同别的优秀中队辅导员相比，也感到了自己的差距。虽然只是短短的40分钟，却渗透了辅导员的心血与精力！低年级的队会怎样才能让队员充分体现小主人的作用，取得更好的教育效果，我将继续探索下去……

（中队会时间：2008年4月）

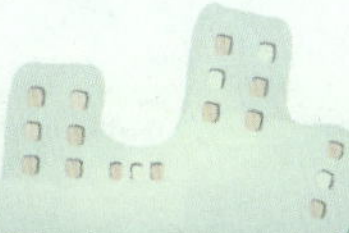

队员心声

“快乐游戏跟我来”的主题中队会太好了，有趣的游戏贯穿整个队会之中，有“蚂蚁总动员”、“飞机穿奥运”、“奥运乒乓球”等。队会中我还当了游戏介绍员，锻炼了我的口才，提高了我的发挥能力。大家一齐玩，我们体会到了队会的快乐，团结协作中博得了老师的阵阵掌声。同时，也增强了我们的自信。我觉得这个队会非常有意义，它教给大家在课间可以做的一些安全游戏，让我们的课间生活更加丰富。

——徐浩添

主题中队会“快乐游戏我来”使我发现了很多有趣的游戏，像“蚂蚁总动员”。我现在已经把它介绍给了另一个班的同学，现在他们玩得可开心了！我还把“投掷”介绍给了我上英语班的同学，我们在一起玩得可高兴了！刚上二年级的时候我只会跟着别人凑热闹，要不然就下课瞎跑，一点也不快乐。队会给我介绍的游戏，使我终于找到了自己的快乐。这次中队会也改变了我们班下课乱跑的现象，我特别希望再开一些这样的中队会，好让我们找到更多的快乐。

——覃娅琦

我们第一小队的游戏如果没有团结的力量是根本不能成功的。当然，也有我们同学在场下的排练，还有在场上的配合。因为当着全校一些老师的面，我们会有一些紧张，但是我们并没有害怕。这次主题中队会使我体会到了“团结就是力量”。

——朱怡慧

主题队会“快乐游戏跟我来”终于与全校师生见面了，我们既紧张又兴奋。队会上，我独自承担了旗手和扮演“快乐王国的国王”两项任务。由于自己多次用心和努力的演练，再加上同学们的配合和帮助，我的任务完成得相当不错。

这次主题队会我收获很大：首次承担这样的重任，让我接受了难得的锻炼和考验，我没有辜负老师和大家的信任，还学到了不少知识，增加了克服困难、迎接挑战的信心和勇气，感受到同学之间团结互助的力量，还能理解老师的一片苦心。

我喜欢这样的活动，将会把它珍藏在记忆深处……

——李　赞

“玩具总动员”活动的启示

二(4)中队辅导员 武李立

“我与父辈比童年”是学校为了纪念改革开放30周年而举行的一项主题教育活动，我认为要想提升队员们的认识，一定要讲究活动的实效性。于是，我们中队将这一主题搞成了系列活动：系列活动之一，零食总动员；系列活动之二，文具总动员；系列活动之三，玩具总动员。玩具总动员就把目光瞄准了队员们最喜爱的玩具。

玩是少年儿童的天性，玩具是少年儿童最好的伙伴。活动以“玩具”为载体，从队员的年龄特点出发，针对性和实效性很强。从活动过程到队会的召开，队员们表现出很强的自主性，因为年龄小，他们还小手拉大手，得到了家长的热情支持。通过活动队员们学会了不少饶有趣味的游戏，体会到了团结协作的重要性，懂得了遵守规则的重要。通过一个“比”字，使队员从一个小小玩具身上体会到改革开放30年带来的巨大变化，感受到童年的幸福生活，做快乐的“阳光少年”。

爸爸妈妈小时候玩的游戏

队会开始了，向日葵小队的采访将主题引入玩具，随着小记者的提问，老人、中年人、大学生、小学生就玩具和玩发表了自己的看法；和平小队展示了好多爷爷奶奶说的玩具图片，介绍了爸爸妈妈小时候玩的7种玩具和玩法。七彩小队刘若怡介绍了竹蜻蜓，姚宇航介绍了弹弓，皇甫睿捷介绍了降落伞，王一杨介绍了折纸和集邮册，丁一介绍了跳皮筋……大家从实物上进

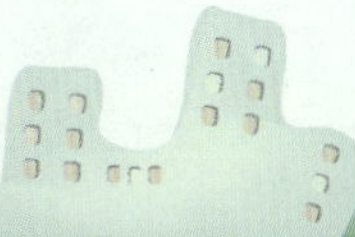

一步了解了玩具的演变。金龙小队、飞翔小队比较了木陀螺与电陀螺、纸风车与猪形布风车、布做的毽子与鸡毛做的彩色毽子；调查到爸爸妈妈的玩具大都是自己做的，种类不多，以体育运动类玩具为主，大都做工简陋，造价低廉，就地取材，反映了那个时期人民的生活水平。心阳小队介绍了旧玩具的新玩法。弹珠——用筷子夹珠子；呼拉圈——跳房子；跳绳——过火线……各有各的高招，各有各的巧妙。小队长张海有嘉率领队员们介绍了几种适合在教室玩的玩具，有七巧板、翻绳、军旗、跳棋、象棋和折纸等。科技小队则介绍了校园玩具，如拽包、烧锅和竖竖横横等，真是五花八门。

同学们在玩编花篮的游戏

队会就像一把神奇的钥匙，打开了快乐之门。队员们在比的过程中不但增长了知识，开阔了眼界，而且从小小的玩具身上感受到了改革开放30年带来的巨大变化。从此，队员们把心爱的玩具带到身边，和大家一起分享，使课间生活更加丰富多彩。

将教育理念与队员的实际生活密切的联系起来，从队员身边的熟悉的事物入手，引导他们从玩的世界中寻找快乐，从对比中体验社会进步，这是我从主题活动中得到的启示。

（中队会时间：2008年11月）

队员心声

今年是改革开放30周年和少先队组织恢复30周年。我们阳光少年中队的队员以自己特有的方式，走进玩具的世界，和长辈们比童年，实实在在感受到了30年来发生在身边的变化，中国更强大了，人们的生活更幸福了。

——孙博洋

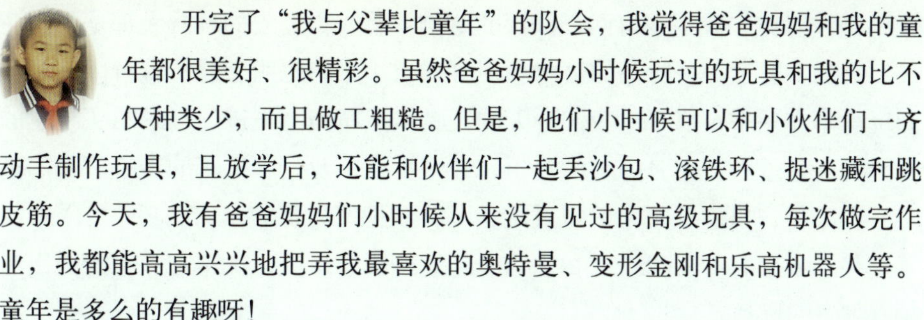

开完了“我与父辈比童年”的队会，我觉得爸爸妈妈和我的童年都很美好、很精彩。虽然爸爸妈妈小时候玩过的玩具和我的比不仅种类少，而且做工粗糙。但是，他们小时候可以和小伙伴们一齐动手制作玩具，且放学后，还能和伙伴们一起丢沙包、滚铁环、捉迷藏和跳皮筋。今天，我有爸爸妈妈们小时候从来没有见过的高级玩具，每次做完作业，我都能高高兴兴地把弄我最喜欢的奥特曼、变形金刚和乐高机器人等。童年是多么的有趣呀!

以前，我对爸爸妈妈小时候的玩具和游戏知之甚少。自从开始准备这次队会活动，爸爸妈妈跟我讲了很多他们小时候玩过的玩具和游戏，使我产生了浓厚的兴趣。我特意让妈妈教会了我跳皮筋，还让爸爸给我买来了滚铁环，姥姥还给我缝了一个漂亮的小沙包。我们一家人只要有空，就凑在一起或打扑克、或跳皮筋、或打弹子、或踢毽子，其乐融融。通过和家人做游戏，我不仅锻炼了身体，还懂得了要遵守游戏规则，争做一个诚实的孩子。经过一次又一次的努力，我慢慢试着理解了做游戏的意义，不再那么斤斤计较输赢了。另外，我还懂得了要爱惜自己的玩具。了解了爸爸妈妈的童年，我有了一个小小的梦想，希望有一天自己也能动手制作一件玩具，那一定很有趣。

爸爸、妈妈和我都喜欢《童年》那首歌曲，因为童年带给我们游戏，带给我们快乐，教会我们做人的道理。童年真美好!

——尹澍今

为了召开班里的“我与父辈比童年”的主题班会，我们向日葵小队在家长和老师的支持下特意举行了一次采访活动。 我们小队的每个人都通过此次采访，对家长们儿时所玩过的玩具进行了了解。我们的这次活动，不仅勾起了大人们对儿时的美好回忆，更让我们所有同学都感慨万千。

在此之前我真的不知道在过去，铁丝弯的弹弓、木头做的手枪、花花绿绿的几个玻璃球竟可以让男孩子们玩得热火朝天；涂上颜色的羊拐、自己手工做的沙包、玩法翻新的猴皮筋能让女孩子们百玩不厌、兴致盎然。想想我们今天数不胜数的玩具，有精美的芭比娃娃、遥控飞机、成套的轮滑装备、一套套的智力玩具，那简直是一个天上、一个地下。

通过对比，我至少有两点深深的感触：第一，过去的玩具大都是不用花很多钱的，通过一些物品的废物利用再加上小小的聪明智慧，就可以让小孩们玩得不亦乐乎；第二，我们今天的玩具虽然精美、先进，但想想买下它的价钱可能是过去一个月的生活费了，甚至更多。我们难道真的没有过去的孩子心灵手巧，只能玩买来的现成玩具吗？我把家里那本《家庭巧手DIY》找了出来，我想有时间我一定和爸爸一起好好研究研究，说不定我也能整出点颇有创意的玩具呢。

——王梦婷

在上学期我们班开了一次“我与父辈比童年——玩具总动员”的队会，我很高兴。通过这次队会，我学到了一些关于老玩具的知识和玩法，并且知道了父辈们在小时候是如何度过快乐时光的。

通过对父辈们的老玩具和今天我们的新玩具对比，我感到今天我们的童年生活要比父辈们的童年好得多，因为父辈们的玩具只有简陋的几种，而我们的玩具却五花八门，并且做工精致，还有很多高科技元素。

在队会上我积极发言，积极参与活动。刚开始我很紧张，后来就好多了，顺利地完成了老师交给我的任务。因此，我感到这次队会我的收获很大。

——王壹杨

爸爸妈妈的童年玩具多是自己动手制作，而我们的玩具大多是从各种各样的商店里买来的；花样非常多，而且比较高科技，电子的特别多。

过去玩抽陀螺，现在有电子陀螺；过去抱布娃娃，现在有会哭会笑的洋娃娃；过去和小朋友一起过家家，现在在家里玩电子游戏。

我生活的时代丰富多彩，新鲜的东西数不清；在玩中学、学中玩。将来我要发明更高科技的玩具，比如说像航空飞机一样的玩具，未来可以自己控制的光速飞机……

——李抱一

走近奥运

三(1)中队辅导员 裴 巍

主题队会开过后，终于可以踏踏实实地睡个觉了，可队会带来的思考却让我难以进入梦乡。

我作为中队辅导员比较重视工作的实效性，现在一些队会形式主义东西太多。我认为成功的队会可以促进中队建设，提升队伍素质，推动教育深化，引导队员成长。寓教育于活动之中是少先队教育的核心特征。活动是为达到某种教育目的而采取的行动过程，是主体与客体相互作用的过程，是少先队组织团结教育少年儿童的基本途径。活动也是少先队辅导员最基本的工作实践。于是我暗下决心，要在队会方面多下功夫。

学生们在队会上讲述奥运

我带的这个班刚刚走过了磨合期，队员们年龄小，有能力进行自我教育吗？我内心忐忑不安。思忖良久，我决定抓住时机，引导队员在奥运圣火开始传递的当天，进行一次赛事知识普及为主的知识性队会，让队员在队会的过程中体验奥运的精彩和魅力。

最初的方案很不成熟，最主要的问题是面铺得太广，深度不够。我及时调整了思路，把主题定得小一点，使队员能够看得见，摸得着，做得到。从“童心迎奥运”的空泛变成了“走近奥运”，拉近队员们与奥运的距离。内容上力求做得实一点，能够联系当前实际，注重实效性。

队员们通过了这个方案，积极行动起来，通过各种途径寻找奥运会中国优势项目的相关资料与奥运礼仪方面的资料。队员们干得很认真，收集和整理了一沓厚厚的资料和十几个PPT。于是我们开始筛选资料，干了个昏天黑

地，中午饭都顾不上吃。尽管我觉得准备很充分，但对队会能否开好心里一点儿底也没有，因为队会的主体是队员。在这短短的几天里，队员能够把方案变成生动的队会实践吗？

为了让更多的队员有展示的机会，主动请缨的队员都有了合适的位置，一些很少有机会当众展示自己的队员，也勇敢地走到大家面前。为此，我必须付出更多的心血，把队员们的热情转化为能力。经过反复的指导，队会终于成功召开了，唯一让我不满意的是因为我的急躁，给队员们带来了一种无形的拘谨。一些本该很活跃的互动，由于没有应有的争执显得有些沉闷。尽管在队会点评时，大家对队会给予了充分肯定：例如，本次队会是体验型、知识型、赛事普及型的队会；主题好，和当前形式结合紧；紧扣奥运倒计时，将项目、场馆、运动员的知识结合巧妙，与时俱进、主线清楚、形式丰富、指导得力；但也得到了要活动不要表演、要放开不要拘谨的建议……我的内心确实也感到有些遗憾，队员们的童真童趣被我急于求成的心理和对队员能力的质疑抹掉了不少，真是后悔。如果说教育是一门艺术，我觉得这种艺术永远是一门遗憾的艺术。对于追求艺术完美的人来讲，任何的成功都隐藏着缺陷，只有不断的追求和努力，才能渐入佳境，更上一层楼。

同学们在展示跆拳道

这次队会让我在实践中悟出了一个道理：要相信每一个队员，才能使队员产生自信，自信的队员才会在活动中充分发挥主体作用。

（中队会时间：2008年4月）

队员心声

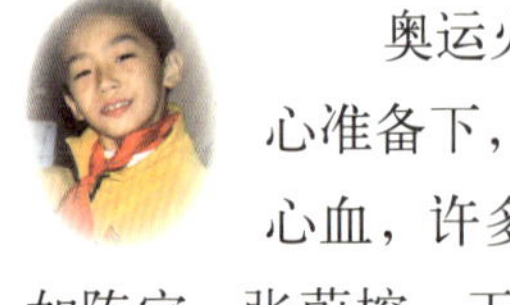

奥运火炬点燃了同学们心中的激情，队会在老师和同学们的精心准备下，举办得非常成功。同学们为了队会而忙碌，付出了大量心血，许多同学为了队会搜集资料、准备稿件、刻苦排练节目，比如陈宇、张蔚榕、王星祺等，常发也带来了歌曲《为和平相聚》，崔楷悦和陈玮还表演了跆拳道……

通过这次队会，我们学到了大量的奥运知识。比如，我知道了我国跳水

队被称为“梦之队”；田径运动一共可决出47枚金牌，是奖牌最多的项目；乒乓球是我国的国球，等等。我们还了解了一些以中国运动员命名的体操动作和一些观赛礼仪。

这次队会很有意义，大家收获都很大。

——赵益芃

我们的队会开得非常成功，同学们从中学到了很多知识。比如贝贝、晶晶、欢欢、迎迎和妮妮各象征着什么？我扮演的是贝贝这个角色，我知道了奥运会水上项目中我国在跳水比赛中最有优势。我国有许多跳水名将，那支队伍被称为“梦之队”。说到“梦之队”就不得不提起郭晶晶的大名，她可是世界杯、世界锦标赛的冠军呀！

在这次队会中，我的声音既洪亮又自信。当然啦，这也离不开队会前的刻苦训练和精心准备。在队会的准备过程中，我曾多次前往陈宇家，与他一起修改幻灯片，一起背词。尤其是背词时，我自己的词还没背熟就急着去帮陈宇背，因为陈宇的台词很拗口。俗话说得好：台上一分钟，台下十年功！看来此话不假。

——王箬雨

参加走近奥运主题队会，自己的收获确实很大。

首先，我增长了许多奥运知识，了解了奥运会的起源及历史。惊奇地发现体育项目还能对一个国家的政治发挥如此大的作用，我国通过乒乓外交，推动了整个地球。还知道了我国有许多的夺冠的大项和优势项目，如乒乓球、羽毛球、跳水等。我国拥有许多世界一流的体育名将：乒乓球运动员王励勤、马琳；羽毛球运动员林丹；田径运动员刘翔；跳水运动员郭晶晶……

我还学到了一些观赛礼仪，知道了观看比赛时要提前进场；不许带易拉罐等饮料进入比赛场馆；照像时不能使用闪光灯；手机要关闭或调至静音；特别是比赛结束颁奖播放国歌时要全体起立并保持肃静。

通过参加这次队会，我还提高了自己的能力：朗读时语气更流畅，现场应变能力增强，演讲能力得到提高等……特别是我还懂得了一个道理：当好一个主持人，可不是像原来想像的那么简单。一定要事先狠下功夫，做好各项准备。干什么事都要有付出才会有一个好的结果。

——王一川

快乐福娃“棋”迎奥运

三(3)中队辅导员　张红梅

爱玩是孩子的天性，在以往的队会上，出现最多的就是表演、讨论加汇报，队员们反应像木偶。怎样才能根据少年儿童的年龄特点设计队会的形式，使其有所突破、有所创新？这是我一直思考的问题。

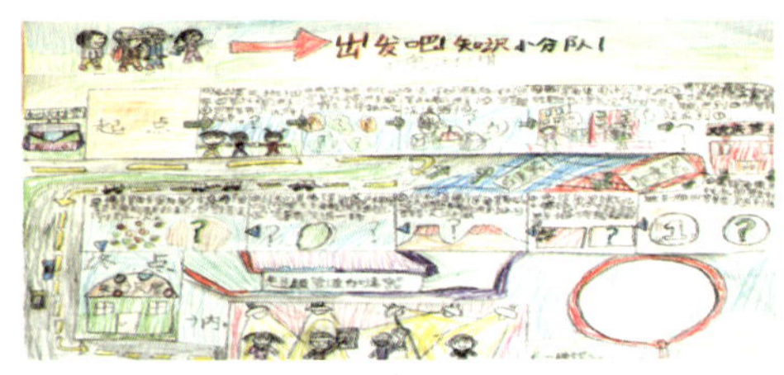

迎奥运友谊棋

这次“快乐福娃‘棋’迎奥运”的主题队会，从酝酿阶段我就与队干部琢磨，力图从设计——制作——玩这几个环节来体现队员的主体参与，让活泼好动的队员们在玩中学知识在玩中长本领。

正好，从队员们看的一本书中，我看到了一个游戏棋，玩起来很简单，还可以学到知识，于是就萌发了让队员们自己设计游戏棋的想法。

队员们的积极性很高，经过热烈地讨论，6个小队分别决定创作6副以迎接奥运为主题的棋，包括旅游棋、美食棋、友谊棋、文明棋、环保棋和福娃棋。当看到各小队的设计者和制作者名单时，我偷偷地乐了，其中有美术好又淘气的薛宇泽、刘友乐……能把他们的积极性调动起来，太好了。

大家集思广益，决定分别制作以下六副棋：

◎ 旅游棋——逛京城美景；

◎ 美食棋——品京味美食；

◎ 友谊棋——走进同心结国家；

◎ 文明棋——文明观赛从我做起；

◎ 环保棋——保护环境，我的责任；

◎ 福娃棋——小小福娃迎奥运。

薛宇泽是个十分内秀的小男孩，很聪明又很淘气，画儿画得好是全班公认的，这次第一小队一致同意把这个光荣艰巨的任务交给他，薛宇泽满意地笑了。星期一一大早，他就拿着画好的草稿让我看，真是太棒了，他把环保行为和游戏棋理很好地组合起来，可以一边玩一边学，几个同学也围过来，七嘴八舌地赞叹着，把薛宇泽夸得都不好意思了，嘟囔了一句“还没涂颜色呢！”，使劲从众人的包围中挤了出去。

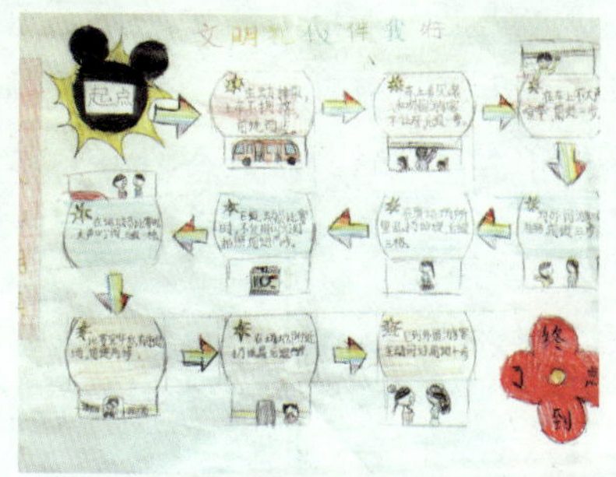

奥运文明棋

过了几天，“环保棋”绘制完成，队员们迫不及待地玩了起来，最后在对六副棋的评价中，大家一致认为“环保棋”最有意思，画得最好。

奥运环保棋

我校的“奥运同心结”活动结对的国家是佛得角，为了帮助队员们了解佛得角的知识，第五小队承担了设计绘制“友谊棋”的任务，队员们乘坐着一辆辆自行设计的赛车过关斩将，答对了还可以通过“管道加速器”直达终点，这副棋特受男孩子的欢迎。

旅游棋、美食棋、文明棋和福娃棋陆续在队员们的努力下完成了，大家都很兴奋，分享着成功的喜悦和快乐。课余时间，大家不再追跑打闹了，三个一群，两个一伙地玩起了棋，还有的队员在玩中发现了问题，提出了修改意见，大家在玩中学到了知识，增长了本领。

奥运福娃棋

这项活动导引出来的队会主题巧借谐音，构思新颖；其准备过程充分自主，结合了社会热点，做到了动员广泛，全体参与，形式活泼，体现了“主体探究、关注社会、合作体验、创新发展”的育人模式。如果说创新就像种子，需要一定的环境，包括适宜的土壤、气候、灌溉、施肥和培养，才能发芽、生根、开花、结果。少先队就需要创建这样的环境，一种有利于引导少年儿童自主学习，适合培养少年儿童创新能力的环境。

奥运一盘棋，教育是主体，文体来搭台，特色是童趣！

（中队会时间：2007年3月）

队员心声

我们小队制作的是“奥运环保棋”。2008年奥运盛会喜迎来自五大洲的客人，环境是个大问题，只有从我做起，从现在做起，北京的天才会更蓝，水才会更清。

——第一小队

我们想，外国客人来到北京，一定想品尝咱们老北京的美食，所以我们制作了美食棋，大家边玩边了解北京的美味佳肴！

——第二小队

和诚信交朋友

四(1)中队辅导员　刘　红

我经常在班里与队员聊天，观察队员们的各种行为方式，发现班里出现的问题，争取教育的主动权。如：同伴之间缺少信任，彼此不能坦诚相待；有的同学说话不算数，经常出尔反尔；同学间发生矛盾总把责任推到别人身上，有错不敢承认；还有的同学在老师面前是一套，家长面前又一套，使得家长和老师不能形成合力等。虽然在这些问题上老师们经常说教、检查，但收效并不是很好。这个现象引起了我的深思。

面对社会的纷繁复杂，如何增强人与人之间的信任度，是一个社会问题，也是一个教育问题。讲诚信是我们中华民族的光荣传统，是我们民族精神的重要组成部分。在队员心中栽下诚信之花，是我们少先队辅导员的工作责任，更是我们实施素质教育的重要课题。我和队员们一起选择了“我与诚信手拉手”这个主题，展开了丰富多彩的实践活动。活动目的是培养队员诚实待人、乐于助人的道德风尚，挖掘“身边人，身边事”，激励队员做到“言必信、行必果”，鼓励队员诚实、守信、诚信、求真、创新，做祖国未来小主人。

队会仪式

如何通过队会活动，让队员们认识并评价自己的行为，做一个诚实守信的队员呢？我认为：主题教育活动是队员们学习、生活、成长的一部分，队员是主题教育活动的主人，他们有着聪明的头脑和巨大的潜能。于是我发动大家进行讨论，精心引导他们行动，收集资料，调查研究，很快，一个找诚信、做主人的活动局面形成了。

讲诚信先要懂诚信。队员们通过调查研究，弄明白了诚，即真诚、诚实；信，即守承诺、讲信用。诚信的基本含义是守诺、践约、无欺。通俗地表述，就是说老实话、办老实事、做老实人。人生活在社会中，总要与他人和社会发生关系。处理这种关系必须遵从一定的规则，有章必循，有诺必践；否则，个人就失去立身之本，社会就失去运行之规。诚信，是公民道德的一个基本规范。诚实守信是中华民族的传统美德。哲人的“人而无信，不知其可也”，诗人的“三杯吐然诺，五岳倒为轻”，民间的“一言既出，驷马难追”，都在讲诚信的重要。几千年来，“一诺千金”的佳话不绝于史，广为流传。 诚信不仅是一种品行，更是一种责任；不仅是一种道义，更是一种准则；不仅是一种声誉，更是一种资源。就个人而言，诚信是高尚的人格力量；就企业而言，诚信是宝贵的无形资产；就社会而言，诚信是正常的生产生活秩序；就国家而言，诚信是良好的国际形象。诚信可以是对社会、对他人的期望，但首先应该是对自己的要求。自己的诚信不能以他人的诚信为前提。正确的做法应当是身体力行，影响周围，而不能人云亦云，随波逐流。诚实守信，重在实践，贵在积累。勿以善小而不为，勿以恶小而为之，去小恶而从善，积小善成大德，这是提高公民诚信水平的必由之路。“言必信，诺必诚”，“小信诚，大信立”。要从大处着眼，从小处入手，从小做起，从日常生活做起。要在我们的心中树立诚信光荣、失信可耻的舆论氛围。

队员们找到的大量资料让我倍感欣慰，让我更加高兴的是队员们在这种寻找当中，主动地去接受了教育，发现了诚信，这要比教师干巴巴简单灌输的效果要好的多。

在队员们充分了解到什么是诚信，以及诚信要从小做起，它将影响我们一生的道理后，我便指导队委会研究，决定以小队为单位，开展对诚信理解的展示活动。队员们积极思考，积极行动，每个小队都给自己的小队重新命名，如：诚实小队，守信小队，求真小队，小事见真情小队，言行如一小队，我守信、我光荣小队等。队员收集从古至今知名人士、身边劳模对诚信的理解，用正面事例教育自己、树立榜样、激发大家做诚信人的热情，并努力向榜样学习，学习他们讲诚信的高尚道德。随后队员将小队对诚信的理解用一句话进行概括，并展示他们收集到的关于诚实守信的故事。如：宰相晏

殊成功之道的故事，季布“一诺千金”使他免遭祸殃的故事，曾子杀猪的故事等等。让队员们从一个个小故事中感悟到诚信的魅力。在队会中，队员们还通过小品引导大家了解身边的诚信事，明白怎么做叫有诚信。现在每家庭大都只有一个孩子，基本上是六个大人面对一个孩子，为了让孩子有更多时间学习知识，家长包揽了队员生活上的一切事务，什么都不让孩子做。在学校队员迫于老师、集体的压力主动做事，而到家则变成了小皇帝、小公主，衣来伸手，饭来张口。小品“家访”让队员们从旁观者的角度看到了自己在生活中的影子，反思自己的做法。大家积极地给小品续编结尾，在整个过程中乐于参与、思维活跃，将自己对诚信的理解通过情景剧形式展现出来，同时也受到了形象而生动的教育。

同学们在表演小品“家访”

队员结合自己的生活实际，将自己细心观察到的诚信事写成小报道，编成小故事一一展现出来，生动活泼地再现了在诚信活动中队员们自我约束、自我管理的情景，大家看了既感到亲切又受到启发。在体验诚信的环节中，我们还收集了队员在校讲诚信与不讲诚信的实况录像，用比较的方法引导队员深入理解诚信的重要，做诚信人。最后，每位队员找到了适合自己的关于诚信的座右铭，将它牢牢的记在心中，时刻提醒自己，约束自己。

这项主题教育活动，使队员们在实践中检验了自己，在快乐中提升了自己，逐渐告别不良行为，与诚信交上了朋友，活动收效很好。“勿以善小而不为，勿以恶小而为之”已经牢牢镌刻在每一位队员心中，并将伴随他们的一生。

（队会时间：2006年12月）

队员心声

诚实是生活中不可缺少的。缺少了诚信，就像花朵缺少了依托，再鲜艳也立不住。

我们班里有个同学有一本很好看的书，但那本书经常被同学们借去，有的同学常常不按期归还，还有的甚至在上面乱涂乱画。这些行为使他伤透了心，对大家也失去了信任，不愿再借书给别人。

记得那一天我向他借书，刚刚提起话题，他马上一口拒绝。在我的再三请求之下他才勉强把书借给我，并要我承诺两天之后还给他。我非常小心地读完这本书，爱护得很好，而且两天之后按时把书还给了他。他很高兴，脸上露出了信任的笑容。

从这件事中我体会到了两种快乐 —— 遵守诺言的快乐和被人信任的快乐，我将一直快乐下去。

——付　越

诚信是什么？农民说，诚信是秋天里结出的丰收果实；老师说，诚信是师生之间玉般纯洁的感情；工人说，诚信是辛勤劳作后生产出质高价优的产品。总而言之，诚信是个人的立身之本，民族的存亡之极。

诚信对于一个人很重要，对于一个国家则更为重要。一个不讲诚信的人是社会的危险品，而一个不讲诚信的民族是莫大的悲哀。因此，我们做学生的更应身体力行，从我做起，这样才能在不久的将来担负其建设祖国的重任。

作为未来祖国的主任，我们面对的是一个新科技、新信息、新体制不断涌现，是个日益竞争的信息时代，就必须诚实守信。

同学们诚信做作业，诚信考试，诚信得人，这是顺应时代的号召，是势在必行的。同学们，让我们从身边的小事做起，不要让诚信只出现在纸上，成为我们的口头禅，要让它活跃在我们当中，让诚信无处不在。同学们，只要我们都行动起来，我们的祖国建设将如日中天，欣欣向荣。同学们，让我们同声呼喊："诚信与我们同行！"

——商盟蕊

大人们常说：如果你第一次撒谎，而不及时虚心承认错误，那你就会继续用下一个谎言为你自圆其说，久而久之，你就会用无数个谎言为你曾经犯下的第一个错误来买单。那结果会怎样？你必将无数次失信于人，所以言而未行称之为失信，行而未果却另当别论。如果我们尽了自己最大的努力，却没有达到预期的效果，却是可以理解的。因此兑现自己诺言是一个漫长的过程，要努力的去做，如果前进的路上遇到了什么困难，一定要直言不讳，把自己的担心说出来，做到大家都心里有数。因此，无论是说还是做，都要避免虚荣心作祟，让我们做一个有责任心的人。言其能，做一个有担当的人；言其不能，不做打肿脸冲胖子的人；言必行，做一个履行承诺的人，行必果，做一个言而有信的人；行若未果，则做一个诚实的人！希望大家都能以这样严谨的态度去对待生活和学习，那么我们就一定能成为一个守信用的有用之人！

——杜　洋

福娃迎客到我家

四(3)中队辅导员　张红梅

2008，一个所有中国人圆梦的年份，一个几代中国人圆梦的年份；这一年，让我和我们的队员们赶上了，我们将有幸亲历这一难忘的历史时刻。对于少先队组织来说，北京奥运显然是对队员进行爱国主义教育、奥林匹克教育和文明礼貌教育的最好主题。

3月初，北京晚报上的一则消息吸引了我：2008年北京奥运会期间，一千个北京家庭将成为接待外国游客的“奥运人家”……

一个想法顿时萌生，让队员们模拟“奥运人家”的小主人，从家庭的角度体验“当好东道主”的奥运生活。从中进一步学习和思考奥运会我们能做什么。

在队会上妮妮小队用手势表达必胜的信心

我的想法得到了队员们的肯定，接着大家确定了主题——福娃迎客到我家，理清了思路——一个小队一个家、一个家庭一个接待对象、一个家庭一个角度、一个家庭一个情境。对开好这个队会，我有了信心。

队员是活动的主人，队员们比我的心气还高。我开始琢磨如何让队员们通过队会准备的过程获得体验，受到教育。

队员们对队会仪式十分熟悉，小干部们各负其责，能干的主持人赵妙言写主持词，稳重的中队长景玉珊自己写好了中队长的讲话，“电脑高手”郗阳开始制作ppt，并一遍遍地修改……队员们参与的积极性可高了。董亚尧的任务是扮作一位来自美洲的游客，他查找了很多资料，一次次地找我整合，看着他那认真的样子，我忍不住夸了他几句，他的脸红了，却抑制不住内心

的喜悦。罗亦君所在小队的任务是为外国游客介绍北京的旅游景点，按照我最初的想法，介绍天安门、颐和园、长城这些著名的景点就可以了，而队员们坚持介绍西四牌楼和大栅栏，连资料都整理好了，我只好“屈服”。中队会上，孩子们用地道的京味语言介绍西四牌楼和大栅栏，再配上精心收集的照片，效果还真不错。

为了让队会的形式更加活泼：我找来了介绍北京景点的小快板和介绍北京胡同的小相声，小快板由薛宇泽和谢庭毅表演，两名队员利用课余时间，抓紧排练，队会上，谢庭毅一如既往地认真，薛宇泽克服了胆怯，他们圆满地完成了任务，赢得了大家热烈的掌声。王尚愚拿到相声的稿子就开始准备，我还帮他设计了动作，队会上，他又即兴发挥，语言更加自然化、儿童化，把大家逗得哈哈大笑。

主持人与队员关于北京风俗问题的互动

这次“福娃迎客到我家”的主题队会帮助队员们对北京有了更多更深的了解，对当好东道主做好了充分的准备。在队会上，我激情满怀地发言：看到大家为做好奥运会的东道主，当好奥运会的小主人已经做好了充分的准备，我感到十分高兴。我相信，在奥运会期间，来自五大洲的运动员和游客，无论他们走到哪里，都会受到热情的接待，“有朋自远方来，不亦乐乎”是我们中国人的传统，让我们共同期待那一天的早日到来吧！

（中队会时间：2008年3月）

队员心声

“福娃迎客到我家”主题中队会我的角色是主持人，任务就是把大家准备好的东西串联起来，调动所有人的积极性，把活动的气氛搞得热热闹闹。本以为主持了那么多次的活动了，这次也没什么大不了的，没想到，这次的任务还真不简单，因为大家准备的东西特别多，所以要把它们顺畅地串联在一起还真是不容易。有困难就一定要克服，在张老师一遍一遍的指导下我做好了准备。队会那天，我发挥了我流畅、活泼、

可爱的主持风格，得到了大家的好评，圆满完成了任务。通过这次队会，不只是又一次提高了我的写作水平，锻炼了我的主持能力，也让我们感觉到奥运的脚步越来越近了！

——赵妙言

队会前，各小队都把自己做的PPT交给我，我进行了修改并对有的内容进行了重新制作，最后完成了全部的链接制作。为了保证队会的顺利进行，我一遍又一遍地演练着，提前把PPT安装到多功能厅的电脑上。

队会在进行着，我在前面熟练的操作电脑，随着内容的展开，我将一幅幅画面展示在大屏幕上——北京人胡同四合院、名菜和小吃、美丽的北海公园……能为大家服务，我很高兴。

——郗　阳

这次中队会，分为五个福娃家庭，每个小队都介绍不同的背景特色，有的小队介绍胡同，有的小队介绍旅游景点，有的小队介绍名吃，还有的小队介绍纪念品，同学们都准备得很好。我的任务是说相声《北京胡同》，我先把稿子读了三遍，又背了几遍，队会的前两天，我又背了一遍，感觉不太熟儿，就开始找稿子了。因为我老把稿子乱扔乱放，所以怎么也找不着……队会那天，我加上了很多动作，我们的相声可受欢迎了。

我为我们中队自豪，也为我自己感到自豪！

——王尚愚

中队会上，我和谢庭毅要说小快板，我俩认真准备起来。我们利用课余时间，抓紧排练，终于熟练地背诵下来了。我兴奋地等着队会的召开。

队会开始了，就要到我们了，我突然紧张起来，连台词都忘了，还是谢庭毅提醒了我。演出时，我大胆地放开自己的嗓门，和谢庭毅配合得非常好。终于完美地完成了演出，得到了大家热烈地掌声。我非常高兴，因为我克服了自己的胆怯。

——薛宇泽

光荣与红领巾同行

五(1)中队辅导员　邓彩彬

望着队会上活跃的队员们，看着他们精彩的表演，欣赏着他们的机智和才干，我的思绪不禁飘到了一个月前……

在深入进行社会主义荣辱观教育的过程中，我始终在捕捉着切合我们中队实际的活动主题。经过反复的思考，一个跳入脑中的主题逐渐成形。第二天，我参加了中队委会，结合胡锦涛总书记关于“八荣八耻”的重要论述，结合我们应该怎样迎接奥运向队干部做了宣传，听取了他们的意见，把我的想法提出来与大家交流，最后统一了思想，确定了开展“光荣与红领巾同行”的主题活动，并召开一次精彩的主题队会。

主持人宣布中队会开始

会议之后，队员们在队委会的发动和带领下忙活了起来。

队员们的潜力是巨大的。队会中的一些内容是队员根据集体中的真人真事自己创作编排的，像课本剧《团结就是力量》就取材于春季校运动会发生的事情；丁吉迅创作的诗歌《你给校园带来了什么》取材于平常生活中的小事；《我们的家》由詹妮与孙畅创作，表达了集体像家一样温暖；还有歌曲《我们的集体》等等。就在这一个个源于生活、又高于生活的节目中，我看到了少先队的作用、红领巾的影响，丁吉迅在“你给校园带来了什么”中写到：

当你每天走进校园

你可曾想过

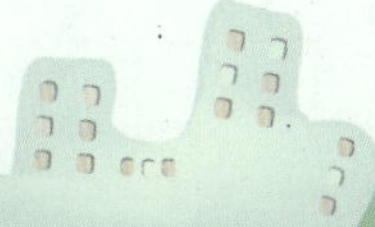

把什么带进校园
我们的校园才如此美丽
充满了无限的生机和活力

我们把诚实带进校园
“我能做” “我负责”
诚实像一条美丽的丝带
连接着老师和我们的心

我们把礼貌带进校园
“请” “谢谢” “对不起”
神奇而简单的几句话
让热闹的校园充满文明的春意

我们把友爱带进校园
“我来帮你” “我来教你”
将学习的苦恼，将成长的烦恼
变成了手拉手心连心的温暖友谊

我们把勤奋带进校园
难题不难 多才多艺
成长喜报上最耀眼的色彩
是我们勇攀科学高峰的勇敢和毅力

我们把节俭带进校园
关紧滴水的龙头 拾起回收的纸片
就连一个塑料瓶也不放过
因为我们把祖国的建设放在了心里……

要知道，没有对自己严格的要求和对集体对学校的热爱，是写不出这些滚烫的诗句的。

音乐又响起来了，原来是队员们在表演小品《教室夜话》，看着他们用硬纸壳做的道具……这个调皮的兰泽华还真有两下子，将桌子、椅子模仿

的真是惟妙惟肖！这来自于生活的选材与队员们的生活贴得是那样的近，怪不得队员们看的那样津津有味，而眼神中又流露出一种思索，一丝会心的微笑……是啊，他们在想，平时我是怎样做的呢？这里有没有自己的影子？自己今后如何在生活中用行动去落实八荣呢？于是，队员们发出了倡议——五一中队的荣与耻：

以热爱班级为荣，以危害班级为耻。

以勤奋学习为荣，以贪玩厌学为耻。

以认真细心为荣，以粗心马虎为耻。

以积极发言为荣，以随意说话为耻。

以尊重同学为荣，以嘲笑同学为耻。

以宽容待人为荣，以斤斤计较为耻。

以助人为乐为荣，以损人利己为耻。

以文明用语为荣，以恶语伤人为耻。

以慢走右行为荣，以追跑打闹为耻。

以爱护环境为荣，以污染环境为耻。

以爱护公物为荣，以破坏公物为耻。

队员们在讨论

一个好的主题教育活动必定能够给队员们以思考和启迪，队会这种形式又给他们加了把火，这样就达到了自我教育的目的。让队员们在生动的事例中去感悟，用喜闻乐见的形式去展示，用自己的语言去诠释八荣八耻，从而激发起进步的愿望和行动，这才是少先队教育的作用所在。

结合队员们学习和生活的实际，抓住一个个生动的事例，使队员们意识到荣辱就在身边，荣辱要从自己做起，这是辅导员需要把握的工作原则。热爱祖国，就要从热爱家庭、班级、学校、家乡和环境做起；服务人民，我们要从服务父母、老师、同学和长辈做起；崇尚科学，就要从刻苦努力学习、发奋成才做起；辛勤劳动，就要从主动做家务事，积极打扫班级、学校清洁卫生做起；团结互助，就要从学会合作，学会相处、关心同学、乐于助人做起；诚实守信，就要从不撒谎不骗人、不弄虚作假、说话算数做起；遵纪守法，就要从守校纪班规做起；艰苦奋斗，就要从勤俭节约、不同他人攀比、珍惜每一分钱、每一粒粮食、每一滴水、每一张纸做起，让光荣与红领巾同行……

（队会时间：2006年12月）

队员心声

身为本次中队会的主持人之一，我参与了队会从准备——演练——彩排——展示的全过程。在整个准备过程中，我的主体性得到了充分的展现，同时锻炼了我临场应变的能力。我们的这次队会得到了专家的好评，我感到非常自豪。虽然队会结束了，但是曾经经历过的那一幕幕感人的场景却是那样的令人难忘，回味无穷……

——刘健彰

“光荣与红领巾同行”这节队会，通过各种活动，使我们知道了什么是光荣，懂得了荣辱的重要性，并告诉队员们要从平时的一点一滴做起，从我做起，自觉养成良好的道德品质和行为规范。队会中的每一个细节仿佛还在我的眼前。看，李翀和刘健彰合说的相声《打电话》让我在捧腹大笑中明白了要在平时注意小节，做个讲文明懂礼貌的人；瞧，兰泽华等几个表演的童话剧“教室夜话”，是多么的惟妙惟肖呀！……

我想，这一幕幕都将成为我小学生涯中的一段美好的回忆。

——程陶朱

虽然“光荣与红领巾同行”主题队会已经圆满结束了，但是我却仍然沉浸在那天的场景中……在这次队会中，作为一名主持人，我和其他两名主持人一起配合，主持了这次队会的全过程，尽管是第一次担纲，尽管心里也很紧张，但我仍然相信自己能行。果然，在我的努力下，圆满地完成了任务，得到了大家的认可……

——廖思洁

自从召开了“光荣与红领巾同行”的主题队会后，我欣喜地发现，各个队员的精神面貌发生了很大的变化，岗位意识越来越强了，做好事的人越来越多了，更让我感到无比高兴的是，大家的卫

生意识越来越强了，随处可以看见主动拾垃圾的身影，你们说，作为卫生委员的我能不高兴吗？热爱劳动、团结互助是胡锦涛总书记提出“八荣八耻”中的一项，我们已经在用行动落实了。我坚信在“八荣八耻”光环的照耀下，我们的中队会更加优秀，我们的校园会变得更加欢乐、和谐。

——庞雨涵

“光荣与红领巾同行”主题队会虽然结束了，但是那天的情景却永远地定格在了我的心里。看着台上同学们的精彩表演，听着同学们发自肺腑的心声，我的思绪不禁回到了一个个练习的场景中……

许牧阳把平时生活中同学们的生活创作成了童话剧，并亲自组织排练，一次次地改编剧本，一次次地排练，不知付出了多少汗水；几位主持人根据队会程序不断地修改串词；而作为大队长的我也不甘示弱，和我的好朋友孙畅一起亲自创作了一首小诗《我们的家》，以此来表达我们对集体、对老师、对同学的热爱……

我想：这将是我童年生活中的一段美好的回忆……

——詹　妮

科技奥运伴我行

五(3)中队辅导员　黄玉菊

“百年奥运，中华圆梦”，随着雅典奥运会圣火的熄灭，五环旗从爱琴海边来到了万里长城的脚下。2008 年奥运会正一步步的向我们走来，世人关注的目光也从雅典转而投向了北京，投向了这个东方文明古都。

奥运情节牵动着每一个中国人的心，2008北京奥运连着你我他。它为我们搭起了平台，搭起了桥梁，向世界展示新北京、新奥运，展现中华民族的文明礼仪。为此，我们爱心中队以“绿色奥运、科技奥运、人文奥运”为中心，围绕奥运会的筹备和召开，举行了“科技奥运伴我行”主题教育活动并召开了中队会。

队会会场

在主题活动中，队员们充分发动起来，以小主人的姿态主动收集有关奥运会科技方面的资料，了解奥运的相关知识，体会科技奥运的意义，提高了收集、整理信息的能力，增强了民族自豪感，激发了爱国热情。

该活动通过实际思考和行为证实了，2001年7月13日北京申奥成功时提出的“科技奥运”主题。从运动员的比赛服装、运动器材、训练方法到竞技馆等，无不包含着日新月异的高科技成果。奥运会它不仅是各国运动员竞技的地方，更是世界最新体育科技的大展台。

队员们生动地介绍奥运场馆。“水立方”是一个棱长为117米的立方体建筑，比足球场还大，高度是30米，大约有10层楼房高，建设采用了很多的新科技，框架用钢管结构，整个场馆中间虽然没有用一根柱子支撑，但是很牢

固。中间填充物质采用膜结构，既轻便又牢固，其间的气体有很好的防止热传导功能，使场馆里保持恒温，冬暖夏凉；同时膜还不易吸附灰尘，还很透光，这样白天时候不用开灯，节省了很多的电。游泳池的自动清洁、水下摄像、节能环保的措施；还有纳米跑道，运动员的跑鞋，游泳运动员的鲨鱼皮泳衣……这些科技让同学们对科学家卓越的创造力敬佩不已。

队员鲁宜璋、张子晗介绍残疾人运动员皮斯托留斯，他双腿被截肢，但他安装的假肢却能与正常运动员一起参加400米跑决赛，还获得了冠军！是高科技让残疾运动员勇往直前。

我们北航附小有个青少年体育俱乐部，其中，同学们喜欢的运动就是打乒乓球了。迎迎小队为大家介绍国球乒乓的历史和演变！通过他们的介绍，大家明白了体育就是科学。

现代科技使四年一度的体育庆典更加绚丽无比，从巴赛罗那的射箭点火，到悉尼的水火交融，令世人一次又一次地瞠目结舌。大家围绕着2008年北京奥运会开幕式的点火方式展开了热烈讨论。我在队会上告诉大家：无论用哪种方式点燃火炬，都离不开现代科技。科学技术是第一生产力，这句话你们现在可能理解不了，但只要你们记在心里，随着自己的成长，知识的增多，将越来越深刻地体会到这个真理。科技强国——我们只是走出了第一步，以后的路还很长，我们少先队员要从小学科学、爱科学、用科学，立志攀登科学高峰，为祖国争光！

奥运知识竞赛上，选手们正在积极发言

“科技奥运伴我行”主题中队会结束了。看到孩子们一张张可爱的笑脸，我的心里好高兴，真的，从未有过的喜悦。最令人高兴的是，队员的积极性空前高涨，有的同学还拿着书追着问我什么叫“冰壶球”，把我也问得目瞪口呆。

主题队会召开之后，我们爱科学活动更加深入广泛地开展起来了！

学校科技节中，我们班与新加坡的同学举行了奥运知识竞赛，还以小队为单位，制作手抄报、电脑报、科幻画，并利用废弃物进行科技制作。课上，他们滔滔不绝的介绍自己“改装”的最新型飞机，经改装后如何更合

理、更人性化。队员们用四驱车的小马达加上塑料泡沫、可乐罐，做成的“泰坦尼克”号豪华客轮就能在水槽里缓缓前行。为了提倡绿色奥运，学校的纸模型比赛也吸引了很多同学，他们制作的动物、汽车、飞机，个个栩栩如生。科技节的辩论会更是精彩，队员围绕“科技对人类生活是利大还是弊大于利”展开了激烈的辩论。王凌霄把全家动员起来，用废弃的饼干盒子、挂历纸做了一个新颖别致的电影放映机：用饼干盒做放映机的转盘，用挂历纸紧贴饼干盒的内壁作为幕布，幕布上均匀地镂刻出细长的条状缝隙，作为观看孔，再在幕布内侧的下方画上表现连续动作的举重图。转盘的底座中心钻孔，用捡来的螺栓把底部钻了孔的空啤酒罐和转盘连接起来，转盘和啤酒罐之间放置四个旧玻璃球，保证转盘平滑转动。放映时，用手抓住啤酒罐，另一只手转动转盘，观测者透过观看孔就可以看到运动员举起杠铃的全过程。现在，王凌霄还准备用废旧物品制作一所小型的北航附小模型，等到毕业的时候作为礼物送给母校。

关于科技奥运，我们做的还不止这些。在了解北京的过程中，我们班还来到了首都博物馆，进行了了解北京，走进北京的系列主题活动。同学们手里拿着问答题、笔记本、照相机，认真做记录，仔细地听讲解，频频按下快门，嘴里还不断发出感慨。今年夏季，我们中队的刘显军、周闻达、李子轶三位同学代表北京市在杭州参加了“第五届全国青少年未来工程师博览与竞赛”。三位同学自己设计的未来校园，具有科学、环保、舒适、节能、人性化的特点。获得了全国第一名的好成绩。看，模型操场看台上还贴着福娃的图案呢！

在这些科技活动中，队员们遭遇到很多的挫折和痛苦，但大家记住了只要付出，就有收获，只要努力，就会成功。自强者胜，自胜者强。

（队会时间：2008年4月）

队员心声

残疾人能利用假肢像正常人一样在奥运会上比赛，仔细想想，如今的科技太发达了。李拟东介绍的鸟巢和水立方更是有趣，鸟巢的美是那一根根没有规则的的钢梁却创下了世界如此多的第一，钢

梁上带着中国红一般的颜色，它圆了我们中国人百年的梦想；水立方的美在于那一个个小气枕如同金鱼吐出的小泡泡再配上仙境梦幻一般的浅蓝色，它的柔美不得不让我们充满了遐想……面对这样高超的科技成果，能不让我们这些龙的传人感到热血沸腾吗？说起乒乓球，它还是我的最爱，张怡宁、马林都是我所崇拜的英雄，可我还真不知道它的来历，听了龙海依讲的关于乒乓球的故事真是让我耳目一新。

——张燕鑫

队会上有我的节目，兴奋地都不能用言语来表达了！放学回家后，我第一件事就是背我要朗读的诗歌《我多想》，我一遍又一遍地背着，可是，总觉得少了点什么，我左思右想，啊！原来是音乐！我把背景音乐配上《隐形的翅膀》，这样就更好听了！

那天，我怀着激动地心情来到了学校，准备给老师背一遍听听，可谁知，老师对我说："刘嘉雯，因为时间紧，所以你的节目取消，但是，如果你能改动一下，加上科技知识和奥运知识就可以上了！"当时听了这话，我就像是被一盆冷水泼了似的，但我仔细回想老师说过的每一句话，觉得还有希望。我去征求了几位同学的意见，看看怎么去改。然后我又征求了妈妈、爸爸、姐姐、哥哥的意见，俗话说的好啊：三个臭皮匠，顶个诸葛亮。第二天，我的方案被通过了，辛苦没有白费……

——刘嘉雯

科技奥运、科技奥运，学校里天天宣传，可我们还是一知半解。于是，我们决定召开科技奥运伴我行主题中队会。

一开始，有很多同学报名，可后来不是因为与奥运无关，就是与科技无关，都被刷了下来，我也不例外。可困难并没有压倒我的信心，经过我和爸爸的一番思考之后，终于想出了一个两全其美的方案——用计算器来说明太阳能在奥运会中作用。

准备过程是紧张而辛苦的，终于该我上场了。我怀着紧张的心情走向讲台，后来看录像才知道，我的腿一直在发抖。我的问题好像考住了大家，

"谁能让没电的计算器正常使用呢？""用太阳能！"同学们太聪明了！这时，我用手电光当光源照在电池板上启动了计数器。接着，我又向大家介绍了鸟巢周围的太阳能电灯和一些电池板。同学们听得津津有味，我心里非常高兴。

这次队会让我知道了不少知识，科技奥运才真正被我们理解。

——郝　璐

学校里天天说要宣传奥运，可总不能光说不练吧！所以我决定和王景虹一起开展一个宣传活动，开展什么活动呢？哈！我想到了，紫竹院公园里经常有人健身，我们可以进行奥运知识问答， OK！就这么定了。

于是，我们俩分工合作。我把我的所有家当都找出来当奖品。王景虹打印了30份卷子。我们还听取了龙海依的建议，做了一个精巧的话筒。

一个风和日丽的早晨，我们来到了紫竹院公园，当时的心情是既兴奋又紧张。在做好一切准备活动之后，我们拿起"话筒"勇敢地跑到一位奶奶面前说："奶奶，您好！我们是北航附小的少先队员，您可以回答我们几个问题吗？"奶奶爽快地答应了。看到我们初战告捷，王景虹的妈妈为我们竖起了大拇指。接着，我们又采访了很多人，他们都很高兴接受我们的采访。其中有一个小弟弟，一开始就胆怯地躲在爸爸身后，后来就逐渐由他来答了，而且如果答对了，他还会蹦来蹦去；如果答错了，他就会失望地喊一声，非常可爱。还有一位叔叔搞笑地说："话筒呢？没有话筒我可不说！"当我们问一位老爷爷北京申办2008年奥运会的主题是什么的时候，他说："绿色奥运、人文奥运、科技奥运！"

一天的时间很快就过去了，但我和王景虹都很高兴。

——郝　璐

家长感言

一周前王凌霄放学回家便张罗起来："我们班下周要组织一次义捐拍卖会，自愿参加，救助5名贫困生。妈妈我想参加！"看到这位平日里连自己的

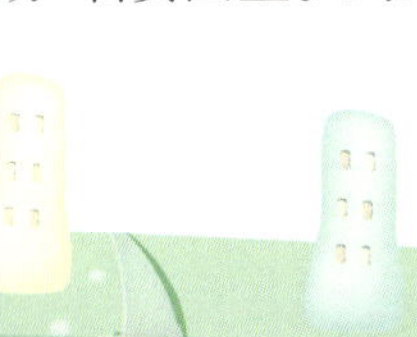

衣服都不知丢到哪里，红领巾一周飞走两条的淘气鬼竟关心起别人来，我暗自高兴。

接下来的便是紧张的准备了—— 儿子把自己珍藏的大小宝贝悉数拿了出来，比较来比较去，“唉！我不喜欢的人家也不会太喜欢。这样吧！妈妈，我就把我最心爱的捐出去，也许拍个大价钱！”偷着乐的当然是我俩，不用说什么“价值”、“使用价值”了，呵！就差把《资本论》搬出来了。更何况还有那么多跟你一样天真的孩子因为有了你的钱能快快乐乐地上学呢？！“儿子你真棒！”“你自己做主吧！”

周四到了，儿子似乎没太睡好觉，一大早就醒了，围着那大袋昨晚又擦又洗的玩具出神。书包大的装甲战车仍静静地躺在那里等着主人的发落。只见他狠下心来，坚决地抱起它们头也不回地走出了家门。

回来后的儿子是兴奋而充实的。语气中略带几分失望，“唉！我的大装甲才卖10元钱！我都恨不得自己加点儿了。他们真识货，国外带来的、我喜欢的都卖空了，只剩下……”望着他袋子里剩的几件存货我俩会心地笑了。

王凌霄一家

变化是接下来的事情：我们忽然发现11岁的他开始珍惜随手的物品了。不那么乱扔、乱丢东西了。你看平日里用完涂改带看都不看一眼，而今他会想尽办法打开它，自创办法废物利用了，“对于贫困孩子，这都是奢侈品吧？”小黄老师很是细心，竟让他负责班里红领巾佩戴的任务，加上这次活动，从此只见他那条最鲜艳的红领巾一直飘在小脖子上。“妈妈，没准红领巾捐给他们都有用呢！”周末带他出门，只见他一边下楼一边嘟囔着，“想想，还忘了带啥。”周末在洗衣、做饭的我不时地听见那个稚嫩而成熟的声音，“妈妈用我帮忙吗？”

哈！我的小宝贝还真有点主人的架势，学会关心、爱护和帮助他人啦！

——王凌霄妈妈

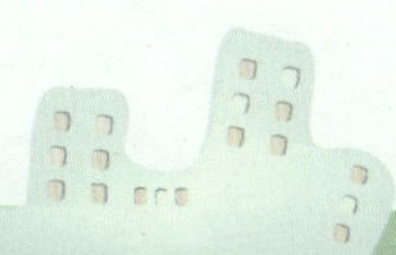

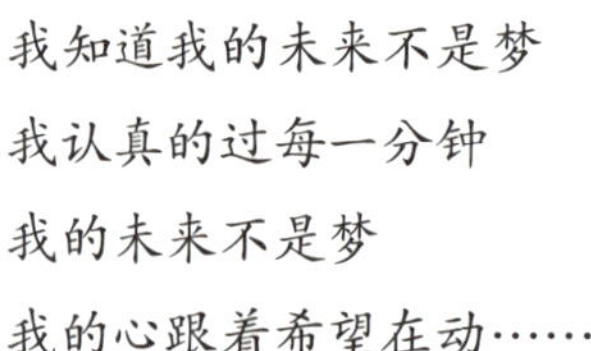

我的未来不是梦

六(1)中队辅导员 郭育新

我知道我的未来不是梦
我认真的过每一分钟
我的未来不是梦
我的心跟着希望在动……

随着这高昂的歌声，我们六一中队开始了“我的未来不是梦”的主题队会……为了组织好这个主题中队会，同学们和我真是费了许多脑筋。首先，我们是六年级毕业班，学生马上就要进入紧张复习，学习压力大，时间又很紧张，怎么还顾得上开队会，我真是很苦恼。思来想去，一位老辅导员的话使我想明白了：队会不要走形式，要切实起到作用，毕业考试对学生很重要，但是帮助孩子树立崇高理想，人生信念更重要。只要把握好主题，采用学生喜闻乐见的形式，符合小学生的身心发展规律，不搞“雨过地皮湿”的形式，队员们会喜欢行动起来的。

于是，小干部们和我一起商量，没想到中队委们一致认可。心动不如行动，我们马上分工，胡宏博、邬金洋、陈曾曾、齐硕、杨睿龙、魏宇辰、郑若琳……负责计算机保障的、负责小记者的、负责小品的，小干部真的很能干；他们写串词，做PPT，排练小品，学唱《隐形的翅膀》，工作有条不紊，配合还很默契。

我原来最担心的就是搞活动怕耽误了学生学习，可后来我认识到，动手实践和亲身体验本身就是最好的学习。最有意思的要算是我们的两位做幻灯片的队员了，他们负责采访并录音，为了取得好的效果，我让队员们去拍被采访者的照片，没想到，这两位电脑高手说，老师，你就不用管了，我们有办法。他们能有什么办法？我真想不透。第二天，他们就做好了幻灯片，我一看真有我们校长和方主任的照片，我不解的问哪来的照片，他俩说是从

FTP上下载的，他们可真有本事。我很是佩服。

队会上主持人邬金洋问大家：为了将来能担负起建设祖国的重任，我们这些六年级毕业生现在该怎么做呢？队员们经过热烈的讨论纷纷表示：要树立理想，发奋学习，才能适应未来的需要。胡鸿博动情地说：成功的花朵，靠辛勤的汗水去浇灌；理想的果实，靠知识的土壤去培育。我们要抓紧大好时机，以“千里长驱无反顾”的精神，去开拓美好的未来！让我们插上知识的翅膀，向着理想飞翔！飞翔！大家唱起了《隐性的翅膀》：我终于翱翔，用心凝望不害怕，哪里会有风就飞多远吧！优美的歌声在校园久久回荡……队员精心准备小品上场了，小记者郑若琳现场采访了同学、学校领导、老师和家长，贾雨桐的父亲是一名公安干警，他在百忙之余，也参加了队会，给大家提出了殷切的期望。队员们纷纷朗诵了自己最喜欢的格言……逐渐的，大家的认识统一了起来，那就是“我认真的过每一分钟，我的未来不是梦。”

表演小品“招聘”

这次队会是我们一次有益的尝试，在毕业考试的前夕，同学们坐在一起畅谈理想，真好！队会展示了队员的能力，大家团结协作，不走形式，内容实实在在会，带给队员们许多许多启示……

六年级对学生来说是一个对未来充满幻想的阶断，看什么都很简单，觉得将来干什么都可能成功的年龄阶段，理想教育格外重要。队员们生活在和平安宁的环境中，唱KTV、玩电子游戏、吃麦当劳、比萨饼……容易感到平常、普通，甚至感到很不知足。因此，对如何战胜各种困难，树立为祖国和人民贡献力量的远大志向，承担起建设祖国现代化的历史重任，肩负起实现中华民族伟大复兴的神圣使命缺乏形象的认识。要教育他们从小事做起，严格要求自己，爱集体、讲团结、守纪律、爱学习，一步一个脚印地前行，努力成长为有理想、有道德、有文化、有纪律的社会主义建设者和接班人，需要做出长期艰苦的努力，更需要多渠道、多层次的生动教育。队会是一种很好的形式。

宣读理想格言

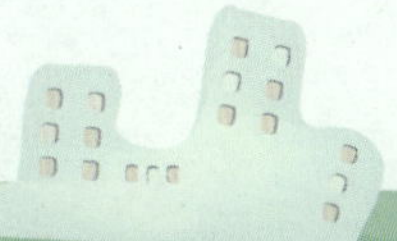

珍惜金色的童年，扬起理想的风帆，立志振兴中华，书写人生诗篇……队会上大家的誓言，久久回荡在我的耳边……

（队会时间：2007年4月）

队员心声

“我的未来不是梦”是我们中的召开的一次主题队会，在这节队会上，我们畅谈了理想，明确了人生目标。我是主持人，这次队会锻炼了我的能力，我和邬金洋合作，虽然时间紧任务重，正赶上我们六年级进行期末复习，但是我们还是很好的完成了任务，真是锻炼人呀，现在回想起来还意犹未尽呢。

——胡宏博

我也是这节主题中队会的主持人，虽然说在六年级期末复习的时候举行主题中队会，让我们更加忙碌了，但是通过这次中队会，我们明确了人生的目标，树立了理想，再累都是值得的。

——邬金洋

我们六年级期末复习的时候召开了“我的未来不是梦”主题中队会，我和杨睿龙在队会上表演了小品“招聘”，我从来没演过小品，更没在这么多同学面前表演，我真没把握。为了完成任务，我和杨睿龙一起，牺牲了休息时间，认真排练，功夫不负有心人，我们的小品得到了大家的认可，得到了专家的好评，真高兴。

——魏宇辰

我是中队长，为了这次中队会的召开，我和陈曾曾一起，真可以说是想尽了办法，没有照片，我们就从ftp上找，老师还夸我们能干呢，虽然说，这次中队会，我们花费了不少时间，但是我们锻炼了自己，得到了老师和同学们的认可，值了。

——齐　硕

我长大了 我懂事了

六(3)中队辅导员　夏梁宏

教育成系统，活动成系列，是辅导员寓教育于活动之中的基本原则。要让队员们喜欢队的活动，就要注重活动的儿童性和趣味性，讲究活动的连续性和渐进性。我在日常工作中特别重视引导队员在系列化活动中开展特色活动，使队员在活动中快乐成长。

每一个中国人都不会忘记2008年北京奥运会，更不会忘记中奥的艰难历程和筹备奥运所付出的艰辛努力。“奥运”这个词深深地印在了每个中国人的脑海里，而奥运精神的宣传、普及、体验也就必然成为德育教育的必修之课，成为少先队主题教育活动的重要内容。为此，我整合各方面资源，从学校、家庭、社会有机结合的角度，设计开展了“福娃迎奥运”为主题的八个系列活动，成为中队集体建设和少先队组织育人的载体。

福娃中队专刊展板

2006年我从新接的一个五年级班开始，一直以“福娃”中队为特色，进行着“我长大了，我懂事了”系列主题活动。按照“我长大了，我懂事了，快乐学习、快乐生活，做中国小福娃”的思路行动着。活动激发起队员对奥运知识的渴望。全体队员行动起来，或调查访问，或查阅资料，或动手实践，或亲自体验，通过一系列活动，逐步使队员们学会自定目标、自我激励、自主学习、自我探索、自我评价。在系列活动之一“奥运我该做什么”中，我们向全校同学发起了倡议，“我是奥运小福娃，努力实践，努力体验，从身边小事做起”。我们树立了看得见、摸得着、做得到的目标。“大

家一起来倡议，大家一起来行动！”这实实在在的目标使队员们知道了迎奥运要从身边的小事做起，从点点滴滴做起。“保护环境”迎奥运，从每一天值日开始，垃圾分类不乱丢；“勤劳俭朴”迎奥运，从每一分零钱开始，家长给钱不乱花；“节约能源”迎奥运，从每一滴用水开始，龙头关紧不浪费；“文明礼仪”迎奥运，从每一个微笑开始，乘车让座不乱抢；“绿化首都”迎奥运，从每一步走路开始，公共绿地不践踏！”通过主题活动，进一步引导少年儿童深入了解祖国发展的辉煌成就和美好前景，联系奥运向北京走来的建设成果，在队员中广泛宣传和谐理念、大力培育奉献精神，引导队员们从我做起、从现在做起、从点滴小事做起，培育小主人翁意识，积极为奥运做贡献。

同学们在地铁里采访

活动取得初步成功之后，我们又开展了“我长大了 我懂事了”系列活动之二——福娃敬老迎新春。2006年12月31日我们全体队员冒着第一场大雪来到了海淀四季青养老院，与80多位老人一起庆贺新年。队员真切的感受到了老人的生活，满含热泪与老人一起唱起《让我们荡起双桨》。大家听老人讲传统，讲希望，活动之后队员们普遍增强了敬老意识和责任意识。

同学们在养老院表演

2007年11月我们去体验地铁五号线，考察新旧地铁的不同，感受奥运带给北京的真实改变，感受科学技术在城市建设中的应用与价值。回来以后，队员们认真交流，争谈感受。在一次次的活动中，我们的队员们眼界更加开阔，变得更加懂事，集体也变得更加团结，更具凝聚力。

系列活动逐渐扩展、主题逐渐深化，队员们不仅在活动中认识了李宁、邓亚平、许海峰等中国奥运明星，了解了他们事迹，而且还自己拍摄了大量照片，反映生机勃勃的现实生活。

从“我为奥运做什么”到“我是奥运小使者”，活动取得了很好的教育效果。“福娃开学多快乐”、“福娃敬师懂感恩”、“福娃喜背弟子规”、

"福娃之星PK榜"、"福娃军训我能行"、"福娃快乐迎国庆"、"福娃竞选队干部"、"福娃表演课本剧"、"福娃在行动"、"福娃蓄势展风采"、"福娃新年再敬老"等系列活动丰富多彩，引人入胜，给了队员们一个学知识、学本事、学做人的大平台。活动扩大了队员们的知识视野、提高实践能力、培育集体观念、增长爱国意识，互相关心、互相帮助，和谐快乐，积极向上，真正做奥运北京快乐小福娃；做奥运北京和谐小天使；做奥运北京节能小主人；做奥运北京环保小能手；做奥运北京文明小使者；做奥运北京微笑小福娃；做奥运北京成长小福娃；做奥运北京勇于实践小福娃。

亲身体验后汇报收获

主题系列活动使我与队员都有所得。我深刻地体会到少先队是加强少年儿童思想道德建设的一支重要力量。要发挥少先队组织育人的作用，辅导员一定要解放思想，从整体上把握教育过程，主动引导队员在实践体验中得到改变，争取进步。活动还有效的拉近了我与家长、队员的距离，有效地进行了沟通理解。我们的家长来自不同的地方，从事不同的职业，是一笔蕴含丰富的教育资源。我发动家长配合班级搞了许多深受队员喜爱的活动，包括请家长带同学参观北航航空馆，大开了眼界；请在北航工作的家长讲有关航空航天知识；家长走进课堂走进队会与队员一起表演；在"福娃迎新包饺子"活动中家长主动来帮忙；家长为班级捐书，推动班级读书活动；在体验地铁5号线的活动中十余位家长主动来做安全保障工作，其中有大学教授、有单位领导，真是让我这名普通的中队辅导员从心里感动。

与家长一起包饺子

让队员"动"，指导队员"动"，在"动"中体验，在"动"中思考，在"动"中成长，这是中队辅导员工作的最大快乐。

（队会时间：2006年12月）

队员心声

2月12日，阳光明媚，我和王紫薇组成两个人的小队去观察北京奥运新建筑——水立方。

我们来到水立方西面，开始了认真地观察。

水立方乍看像一个水晶般的立方体，晶莹剔透，呈现淡淡的天蓝色，十分美丽。当我们仔细看时，发现水立方好像就是用一些不规则形状的块状拼成的，形态各异的块状给人一种不规则的美感。

听保安说可以进入栅栏照张相片，便拿着我自制的上面写着“福娃体验新北京”的 “纸横幅”和王紫薇一起进去拍了一张合影。

通过参观水立方，我深深地感受到了新北京新建筑的美观，惊叹现代建筑技术和工艺的高超和精湛，更加深刻体验到北京城市面貌的日新月异。奥运带给了北京很大的变化，北京在不断地改善环境。我相信，美丽的北京一定会更加美丽。

——易 瑶

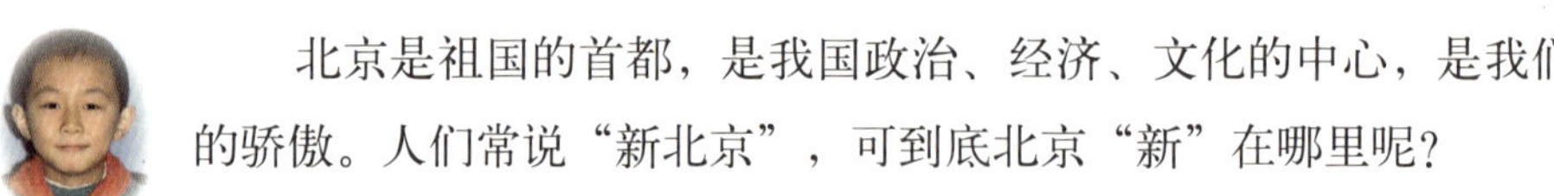

北京是祖国的首都，是我国政治、经济、文化的中心，是我们的骄傲。人们常说“新北京”，可到底北京“新”在哪里呢？

一个阳光灿烂的下午，我们开始了北京刚刚建成的地铁五号线体验活动，我们的行程是：由知春路至西直门乘坐地铁十三号线，然后换地铁二号线由西直门至雍和宫，再上地铁五号线考察体验雍和宫至立水桥段，之后乘地铁十三号线返回。

没过一会儿的工夫，我们就坐上了十三号线地铁。一上车，人流就把我们挤得谁也找不着谁，男女老少挤来挤去，真令人喘不过气来！再加上这里的通风系统不是很完善，在里面待久了感觉呼吸都有些困难！谢天谢地，很快就到了西直门站，大家争先恐后地挤了出来，刚下车，就大口地呼吸着新鲜空气！

然而，接下来的情况更是糟糕透了，二号线的旅客熙熙攘攘人更多。一进车门，我们大家立马都被贴在了一起，就像相片一样，“这就是‘新北京’吗？”我嘀咕着。在嘈杂的喧闹声中，我靠在车窗上，盼望着快些到达

五号线……

我们终于来到了五号线，候车大厅的人不算少，由于这里被分为了两层，可以很好地疏散客流，所以显得不很拥挤。大厅的地面特别的光滑干净，可以当镜子照！厅里还有许多闭路电视，上面播放着五号线的简介和列车到达时间，真是太方便了。更让人感动的是，这里的站台是封闭的，非常安全。

我们大家在站台上合了影。

车来了，崭新的车体非常漂亮，一进车门我就大吃一惊——啊！车厢内明亮整洁，座位很多，造型很好看。车厢之间是相通的，电子显示屏和亲切的语音提示让人感到服务非常周到。

列车开动了，霎时，一股清新凉爽的风迎面吹来，我赶忙深吸一口，啊，心旷神怡！

在回来的路上，我一直在想“新北京”究竟是哪里“新”呢？对，是科技，科技让我们北京，让我们伟大的祖国跨入了新的时代。

——周博成

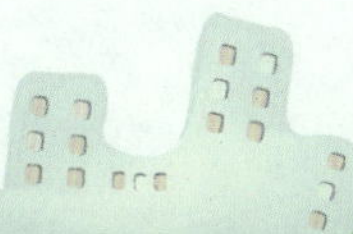

“？”引发的思考

六(3)中队辅导员　夏梁宏

六(3)中队开展了“福娃迎奥运”体验系列活动，两年来队员们一直在行动着。2007年10月金秋的体验地铁五号线的活动让大家记忆犹新，2008年3月大家又开展了争戴红色微笑圈的活动，在活动中队员们感受到了助人为乐，懂得了人与人之间需要互相帮助，知道了应该从身边的每一件小事做起，哪怕只是捡起地上的一张废纸，在公交车上给老人让座……但是，活动中一些队员也出现了困惑，在行动上也有过彷徨，为此，经过精心筹备，我们召开了“‘？’引发的思考”主题中队会。

队会在“助人乃快乐之本”的讨论中开始，大家纷纷发言，运用自己亲身的体验说明，为别人做了一件好事，心里面就会感到高兴，充满快乐。在同学们的服务记录上有着许多感人的故事。

队会会场

几名队员讲述他们在做好事时的真切体验，李子厚提出了一个很有意思的问题：一天他走在放学的路上，突然看见一位身材高大的叔叔向自己走来，“小朋友，请问地铁站怎么走？”他想正好顺路，正要说“我这就带你去，跟我走吧。”但是，又一想，万一他是坏人呢？如果他是劫匪怎么办？如果他绑架呢？到底带不带叔叔去地铁站呢？他心里很矛盾，不知道该怎么办？请大家出出主意。

于是，一场激烈的辩论开始了，有的队员说应该带叔叔去地铁站，有的同学说现在社会太复杂，什么人都有，要提高警惕，最后还是不要管闲事，

还有的同学说，干脆就说自己也不知道，让他去问别人。在大家发表意见之后，李子厚说，我虽然有些担心，但是我看见叔叔提着手提包，急得满头大汗，好像要赶路、办事的样子不像是坏人，而且，地铁站有这么多人，他要是坏人也不敢伤害我。所以，在短暂的犹豫之后，我还是带叔叔去了地铁站。到了地铁站，叔叔对我十分感谢，我为我的选择而高兴，我尽我的能力帮助了别人，我感到非常快乐。我认为，社会上有坏人，但还是好人多，我们应该提高警惕，但不能对所有人都怀疑，既然作好事，就要相信他人，只有相互信任，我们的生活才会更美好。

队会请来的民警叔叔给队员们讲了在社会上做好事时应该注意的事项，给了队员们行动上的指导。

队会中，大家深情地缅怀着伟大的共产主义战士——雷锋的光辉事迹：

雷锋叔叔，
你离开我们已很久很久，
但是你的故事像星星一样多，
你背伙伴过河，
你扶大娘上火车，
你冒雨送大娘和孩子回家，
你到工地去干活，
你打扫车站为旅客服务。
啊，雷锋叔叔，
你的故事讲也讲不完。
雷锋叔叔，
你离开我们已经很久很久，
但是你的精神永远留在人间，
我会在公共汽车上给老人让座，
我会看见垃圾就捡起来，
我会把零花钱捐给希望小学，
我会把摔跤的小朋友扶起来。
啊，雷锋叔叔，

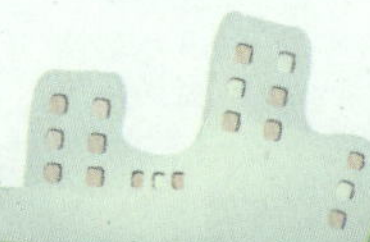

我要做的事情还很多很多。

雷锋叔叔，

你离开我们已经很久很久，

但是你的名字永远刻在我心中。

队员们用诗歌表达了永远向雷锋学习的决心，更自觉去做有利于人民的事。这个队会使我感触颇多，正是这一个又一个“？”，引发了我一连串的思考。今天的社会十分复杂，各种不安全的因素很多，但需要帮助的人也很多，如何认识这些问题对少年儿童树立正确的荣辱观、人生观十分重要。我们既要引导队员做到人民的利益高于一切、时刻把人民的冷暖放在心头，当身边的人有了困难时毫不犹豫地加以援手，“送人玫瑰，手有余香”，以助人为乐为荣，又要提醒大家擦亮眼睛，识别真伪，学会自己保护自己。

队会中队员们精彩的辩论

做为辅导员，我们的引导要科学，我们的观点要鲜明。面对队员们提出的一个个“？”，我们要思考，而且要带动队员们思考，使他们明白我们并非生活在理想世界中，我们在做好事时也许会遇到被冷落、被误解，甚至会遇到一定的危险，但我们的国家是社会主义社会、人民当家作主，我们的每一个公民都应该有责任、有义务帮助别人，如果大家都能真正像雷锋那样把做好事当做一种习惯，我们的生活会无限温暖、充满阳光。

（队会时间：2008年4月）

队员心声

这次中队会我是正方三辩手，因为我是临时替补上来的，所以准备不是很充足，被别人说的脸都红了，真不好意思。

我的观点是可以帮助陌生人，但必须先看清情况，谨慎一点为好，遇到情况一定要沉着冷静，认真判断，灵活对待。

——程雨杨

到底该不该帮助陌生人呢？如果我们帮助了陌生人，而陌生人又是好人，那么我们会感受到快乐；假设我们帮助的陌生人是坏人，我们帮助了他就不伤害了自己了吗？我还是没太想明白，假如世界上没有坏人就好了。不过，我还是赞成帮助陌生人的。

——朱怡婧

通过这次队会，我知道了帮助人是对的，但要分场合、时间、地点，特别重要的是判断对方是什么人。同学和同学之间要相互帮助，作为我们小学生来说还是做我们力所能及的事就够了，雷锋叔叔的品质是永远值得我们学习的。

——曲　仙

队会让我真的明白了许多许多，我想说，我们学雷锋做好事不应该只是一天或一次的事，要学就学到底，要做就做得长。学雷锋做好事从我做起，从小事做起，从节约做起！

——钱姝贝

我们的旗帜火一样红

辅导员论坛

FU DAO YUAN LUN TAN

辅导员的体会和感受

主题是队会的旗帜，队会有一个鲜明的主题，就可以使教育目标更加集中。设计队会主题应注意以下几个方面：一是教育目的要明确；二是主题要符合队员的年龄心理特点；三是主题要围绕集体的实际问题、主要矛盾、奋斗目标及同学们普遍关心的问题来设计。我认为一个好的主题要能够揭示一个问题，宣传一个观点，歌颂一种精神，能够充分调动起队员的积极性，寓教育于活动之中。

——张　杰

队会是少先队组织开展思想教育的主要途径。优秀的队会，必然是主题鲜明，有的放矢，形式活泼，融思想性、知识性、趣味性于一体。

正确开展队会的评价，将极大地提高队会的教育质量，提高育人效果。

队会主题的设计必须适合队员的年龄特点，这是主题教育的出发点，也是队会评价的重要尺度。它要求辅导员必须针对队员实际，有的放矢地安排队会内容，设计队会的教育层次，使队员的身心在教育中得到发展。队员的年龄特点，决定着队会教育内容的层次性。队会主题的设计只有以队员的年龄特征为出发点，教育才能真正达到层次化、系列化。

此外，队会的形式要调动队员的积极性。队员是集体的主人、学习的主体。优秀的队会中，辅导员总是着眼于队员群体的积极性和自主性，关注着队员的情感变化，全面统筹，巧设教育形式，调动队员的情感，带动队员的思维。这样的队会才会主题鲜明，形式多样，内容充实、紧凑，教育有力；队员的思想情感才会在生动活泼的教育氛围中点燃、升腾，并在积极的内驱力下实现教育目标，这样的队会，相信若干年后，队员还会记忆犹新。

克服难点，突出特点，形成亮点……非常重要。队会要切实起到作用，不要走形式，我们不要表演式的队会。主题队会队员喜闻乐见，符合小学生的身心发展规律，但搞活动不能“雨过地皮湿”，走形式，图热闹，应让队员在活动中学会做人，学会生活，心中留下印迹，行动有所体现。现在我的中队就尝试着即兴式队会。两周前，李蒙同学由于上课表现不好，下课老欺负同学，同学对他“群起而攻之”，于是，下午召开了一次即兴式队会，李蒙先讲了自己的想法，然后大家写下对李蒙同学的寄语，放到讲台上，打乱顺序，再由同学们读读，同学们读得很动情，而李蒙此时的眼睛也不再瞪着了，默默地听着。一句句滚烫的话打动着他的心。最后他的眼圈红了，大家把这些希望送给了李蒙，让他鞭策自己。这次队会，我们没有什么形式，上午发生的事，下午我们就开了队会，收到了很好的效果。少先队组织要真正成为队员的组织、自主的王国、快乐的天地、创造的舞台，就一定要大力开展创新实践活动。首先活动要有新意，具有时代气息；其次要有深度，以队员实际出发。现在的孩子，思想活跃，接受新鲜事物较快，信息量大，因此，要因势利导利用信息了解队员，使所设计的活动符合其思想、心理、兴趣，大家乐于参加；善于捕捉一句话，一种提示，一个思维，及时抓住创造灵感；博采众长，使每个队员的潜力得到发挥。

——郭育新

队会仪式是队会的重要组成部分，必须规范。

仪式前，集合列队，整理队伍，各小队长向中队长报告人数，中队长接受报告并向辅导员报告，申请队会开始等都要严格规范，使队员在进入队会主题内容前就营造出组织育人的浓郁氛围，使队员受到感染，得到教育。

队会主题的确定非常重要，主题要小一点（看得见、摸得着、做得到）；要实一点（联系实际、注重实效）；要近一点(贴近少年儿童思想、贴近少年儿童生活)；要活一点（活泼、生动、形象、有趣）；要新一点(敢于创新、与时俱进)。活动还要注意以下几个原则如教育性原则、趣味性原则、自主性原则、实践性原则，只要注重实践，强调体验，调查思考、动脑动手，队会就能高质量。

——慕荣丽

许多辅导员都感叹指导好一个队会比做一节语文课、数学课还难，之所以“难”，是因为没有现成的教材和教案，需要每一位辅导员根据自己班级的特点设计和辅导，许多内容需要发动队员们从各个渠道收集和整合，队会过程中还要队员全员参与，这的确很难。然而，惟其难，才更需要辅导员的教育功力、更需要讲究教育艺术。美国教育学博士米歇尔·博芭曾经在一本书上写到：要教孩子正确行事的七大美德，即：同情、良心、自控、尊重、善良、宽容和公正。队会既展示了队员们的能力，也凸现了教师的功底，应该非常注重队员MQ(情商)的培养，非常尊重他们，非常吻合队员们的年龄特点，让他们在快乐中度过，玩得快乐，玩得有意义，玩得有收获。“‘？’引发的思考”的队会中引发的思考不仅仅是孩子们的疑惑，其实也是我们大人的困惑，我们应该怎样教育孩子们助人为乐？原来的英雄形象已经深深地刻在了我们的脑海中，当初的英雄现在的孩子们是否能够理解？是否会做到？我觉得很难理解也很难做到。不是孩子们的问题，应该找一找教育的问题，我们又有多少次进行了德商的教育与培养，在家庭中又有多少家庭把精力放在了“德”字上？“德”真的不再重要吗？我们还要不要培养孩子的“德”？这使我想到了赫勒克利特思的一则名言：品格决定人的命运。人们并非生来就品德优秀或聪慧过人。如果他们却能如此，那完全是因为个人终生的努力以及社会的影响，社会与家庭、学校的教育。由此可见，我们身上的担子有多重，唤起队员们的同情与良心，教会队员们彼此之间要尊重，宽容地对待别人，公正地对待每一刻显得格外重要。把德商的培养与教育作为我们的重要工作来做，是对孩子一生的负责。队会的时间是短暂的，孩子的道德成长是一个延续终生的、一刻不停的过程。我们要记住：现在灌输给他们的道德知识、信念和习惯将成为他们永远受用的财富。

——陈凤花

队会的形式可以也应该是多种多样的。什么样的主题就需要什么样的形式来表现，什么样的内容就需要什么样的形式来展示，无论是比较严肃的报告式队会，还是亲切活泼的讨论式队会；无论是节日、纪念日的纪念式队会，还是与课外活动有机结合的竞技式队会，都是为了促使队员生动活泼地学习，促进队员快乐健康的成长。只有

形式和内容、主题高度和谐的统一，主题队会才能取得实效。因此，形式的选择要突出针对性、自主性、儿童性和趣味性。

——张　畅

优秀队会对于每一个参与的队员都是一个极好的教育过程，对每一位辅导员也都是一次极好的相互学习相互交流的机会。队会要体现趣味性、自主性、实践性、教育性，实现学生自我教育。我们中队以“好书伴我成长”作为中队会主题，号召队员好读书、引导队员读好书、鼓励队员读书好，与学校提出的“走进学生”主体阅读活动相结合，营造了良好的读书氛围，促成了良好的读书习惯的养成。

队会虽然已经结束，但队员们的阅读热情并没有减弱，在“好书伴我成长”阅读活动中，队员们利用早自习、中午小饭桌进行阅读，建立“学生读书记录本——采蜜集”，将读书活动中得到的精彩片段、好词好句、名人名言、心得体会及每学期的读书计划等记录下来。同时，在班级成立图书角，队员主动捐书，配备1～2名队员作为兼职图书管理员，负责图书的出借、登记、归还等服务工作，大力提倡到学校图书馆借阅图书。“师生共读”、“亲子共读”活动，拉近了教师、学生、家长的距离，巩固和发展了在读书中学到的知识与本领，提高了学生从书中汲取营养的能力。

——谢　敏

五育并举，德育为首。在不断加强素质教育的今天，如何有效的对小学生进行思想教育，是摆在我们每一位教育工作者特别是班主任老师面前的课题。信息技术的高速化，人文意识的复杂化，个性思维的自主化，道德价值观念的市场化，都对现阶段的德育教育形成强大的冲击，加上小学生的辨别能力差、可塑性强、思想幼稚等特点，给德育教育带来很大的难度。少先队是组织育人，主要途径是通过队的活动。队会做为少先队教育的基本形式之一，目的也在于育人。要在潜移默化中对队员实施爱国主义教育，鼓励队员自主参与，在活动中得到自信，培养自己的责任感。让每个队员都积极参与进来，让他们在活动中得到锻炼，所以，我们更应该注重队会的实效性与针对性。

——侯　丽

一节成功的队会，应是师生之间就共同关心的话题进行深度交流、双向互动的结晶。队员的心灵世界不同于成人，他们有自己的喜怒哀乐，有自己的酸甜苦辣，在不同的时期有不同的热点问题。一个远离学生思想的话题，很难引起他们的关注，而一个贴近学生心灵的话题，则很容易让他们产生共鸣。所以，队会要拨动队员的心弦。

——续军荣

主题队会是中队辅导员围绕着特定主题对队员进行思想和道德品质教育的一种重要形式，也是队员进行自我教育的有效途径。它源于队员，是队员喜欢和乐于接受的一种集体教育方式。每节队会的后面都凝聚着辅导员老师的心血，也融入了队员们的努力。主题是教育活动的中心，它就好比是一首乐曲的基调，起着“定音”的作用。为了保证队会的实效性，辅导员必须首先在确定主题上下功夫。而队会主题的选择确定要靠辅导员根据教育规律、教育重点和班级队员的实际思想行为情况而定，切忌“假、大、空”，应针对队员的年龄和心理特点，确定的主题要小一点儿、近一点儿、实一点儿，把队员的现实生活作为根本、源头，使队员觉得队会的主题内容和我息息相关，我能说得出，演得像，做得到。

一次成功的队会，仅有好的主题还远远不够。更重要的是要围绕主题安排恰当的内容，要精心设计出队员喜闻乐见、易于接受的形式，体现以队员为中心、以情境为中心、以活动为中心，力求做到突出主体性，整体性，实践性、开放性、生成性，队员主动参与活动，促进全面和谐的发展。

——张　艳

队会要能使人不仅看到之前做了什么，还要看到后面要做什么。假如我来设计指导队会，我会选择“做一个说话算数的孩子”作为活动的主题，让队员们从生活当中，从身边事入手：你遇到过说话不算数的事吗？你自己有过说话不算数的事情吗？从小事入手，通过自己的亲身经历和感受体会说话算数是一种美德。召开一节队会说起来容易，做起来难，但我想，为了孩子们的健康成长，我们的每一点付出都是值得的。

——张红梅

队会是集体建设的一个平台，应该先从队员的感性认识入手，然后深入队员的心灵，触动队员的心灵，使队员产生情感的共鸣，使队会的教育内容在队员的脑海中留下深刻的印象。队会主题要贴近队员的生活，要从生活中寻找教育的素材和契机，避免脱离队员生活而显得空洞、枯燥，内容要灵活，形式要创新。队会之所以“难”，是因为没有现成的教材和教案，需要辅导员根据自己中队的特点进行设计和指导，发动队员全员参与活动。队会准备实施的过程，就是对队员进行教育的过程，也是和队员共同学习的过程。对此，我采用了“推一推、扶一扶”的方法，在检查、督促的同时，也不忘给他们适当的表扬，让他们能轻松地完成任务。此外为了锻炼和提高队员的实践能力，从小队长的培训、旗手的培训到中队长的培训，我也抓得很紧，为队会成功奠定基础。主题队会的内容要切合队员的实际生活，使活动具有实效性，应该让队员有实实在在的收获，增长知识，增强集体荣誉感。在队会中每个同学都是主角，这样队员参与的积极性才会高。

——赵利芳

主题队会形式应该生动活泼，内容应该丰富多彩，让全体队员都参与到活动中来。在参加活动的过程中，受到潜移默化的教育。做为中队辅导员应该大处着眼，小处着手，重视队员的言行导向，加强队干部的培养，把队会交给队员，充分发挥队员的自觉性、能动性、积极性。要充分创造条件，提供机会，让队员获得多方面的锻炼，提高整体素质。

——谭玉霞

队会从召开到完成，可以说是辅导员的教育智慧和队员努力实践高度融合的成果。队会要精采纷呈，那么辅导员一定要做到：设计精心，认真准备；发动队员，积极参与；充分自主，集思广益；内容丰富，形式活泼。同时少先队也应该发挥好少年儿童与家长之间的纽带作用，吸引家长参与活动，使家长通过活动重新认识孩子，改变教育的视角，与学校更加紧密地携手，共同担负起教育孩子的责任。

——李　菲

观摩了第二届春华杯主题中队会，感到这些队会形式丰富多彩，主题鲜明，具有时代感，充分发挥了少先队员的自主性，能动性。因为二年级少先队员的活泼可爱，使整个队会特别轻松，辅导员王剑琴老师充分发挥了音乐老师的特长，沉浸在美妙的音乐中与孩子们一起游戏。中年级的队会更具有时代特点，跟奥运息息相关。把北京与奥运很好的结合在一起，很有文化色彩，民族气息。高年级"'？'引发的思考"队会中队员的论辩很有深度。夏老师每一次的系列主题队会，其效果都是比较明显，给少先队员留下的印象极为深刻。这种教育不是空洞的说教，而是生动的，有生命力的，从中也可以看出中队辅导员在集体建设上的用心良苦。辅导员要做到真正的"导"，引导队员参与活动，指导小队开展活动。一个集体若想变得有力量、有生命、有创造、有追求，除了要有积极参与、努力行动的队员们，还要有一个深谋远虑、目光睿智的中队辅导员。既然我们担任了中队辅导员，就要把工作做好，只有自己心中拥有太阳，才能给人以阳光，只有掌握了教育的艺术，你的心血才会浇灌出灿烂的希望之花。

——邓彩彬

我当中队辅导员近十年，无论是在队会程序的规范上，还是从内容的选择上，包括形式的处理，手段的多样，层次的清晰，主题的明确，队员们的表现……都有文章可做，都需要我们精心把握。队员通过生动有趣的队会，在快乐中得到教育，受到影响，能力得到提高，这就是我们的工作价值。

——武李立

当了多年的中队辅导员，深深感到少先队的诚信教育非常重要。有人说，在现代社会，商品经济风起云涌，道德沦丧如决堤之水，诚信缺失随之泛滥成灾。我们谁都无法否认市场经济中存在严重的诚信危机，它使我们更加意识到诚信从少年儿童抓起的重要性和迫切性。我们要让诚信像一朵永远不凋零的鲜花，芬芳宜人，净化灵魂。通过活泼多样的活动，使少年如同在日常生活里感受到诚信的重要，明白诚信不仅是一种品行，更是一种责任；不仅是一种道义，更是一种标准；不仅是一种声誉，更是一种资源。每个小学生都应该从小事做起，自觉自律，自尊自强，诚实守信。主题活动要引导队员树立牢固的诚信观念，让队员们将中华民族的诚信品质代代相传，发扬光大。

——裴　巍

中国是一个有五千年悠久历史的文明古国，诚信守约一向是中国人引以为傲的美德。纵观我国的文明史，上至约束皇帝的“君无戏言”，下至约束百姓的“言必信，行必果”，无不散发着理性的光辉。在历史的长河中，许多光辉典范发挥着导向和示范作用。在现代生活中，诚实守约也已成为人们的一种素质，成为全社会共同的道德要求。队会上，队员们把发生在校园中、生活中的一些事情作为题材，编排成小品、诗朗诵、舞蹈、相声等形式多样的节目，有力地抨击了丑恶现象，引导自己从我做起，从小事做起，培养明辨是非美丑的能力，倡导以实际行动诚信做人，收到了良好的效果。

——赵淑华

队会的主体立意应从生活实际出发，并结合教育普遍关注，队员成长的热点问题来开展，贴近儿童生活，队员才会感兴趣，说得出，做得到。以“我与诚信手拉手”为例，整个活动以“初谈诚信——走进诚信——体验诚信”为思路，进行得活泼生动，形象有趣，动静结合，有队味，有童趣，有实效。

——苏惠萍

很兴奋看到队员们兴高采烈的样子，其实我们的每一次活动，不管是成功还是不太满意，都会给队员们带来快乐。

我感触最深的就是老师和队员一起经历了一次完整的主题活动过程，队员们自主参与活动，辅导员放手引导活动，相互作用的结果是一次别开生面的队会召开了。队员虽然年龄小，但是小干部很负责，很有能力；队员们很主动、很努力，辅导员点拨之后活动就成形了，为队会召开打下了基础。只有更贴近儿童，队会才会有生命力。

——王向红

少先队活动的主体应该是队员，让队员通过准备活动、组织活动、参与活动得到充分的锻炼。每一次主题队会，都应该是少年儿童进行体验与锻炼的好机会。如果我们每个中队都能抓好每一次中队会，启发队员思维，发动队员去创造，让他们自己去准备、组织、参与，让他们自己发现自己身上的问题，自己管理自己，自觉纠正问题，效果肯定比我们苦口婆心地、枯燥的说教好得多。少先队活动应该给队员带来乐趣，而不是负担。少先队更重视队员的主体作用，辅导员不能对活动包办，要做好辅导，为队员把好方向。每一次活动，都给同学们之间、师生之间提供了与课堂教学不同的沟通机会，我们可以通过这种机会更好地提高集体的凝聚力和向心力。因此，少先队活动不但是必要的，而且是重要的。

——王洪雨

中华民族是一个有着强烈荣辱感的民族。在我们的社会里，是非、善恶、美丑的界限不能混淆。否则，社会和谐不起来，经济发展不起来，民族精神振作不起来，国家也强盛不起来。正是如此，胡锦涛总书记提出了“八荣八耻”，旗帜鲜明地指出我们应该坚持什么，反对什么，倡导什么，抵制什么。活动结合队员们学习和生活的实际，抓住一个个生动的事例，使队员们意识到荣辱就在身边，荣辱要从我做起。热爱祖国，就要从热爱家庭、班级、学校、家乡和环境做起；服务人民，我们要从服务父母、老师、同学和长辈做起；崇高科学，要从刻苦努力学习、发奋成才做起；辛勤劳动，要从主动做家务事，积极打扫班级、学校清洁卫生做起；团结互助，要从学会合作，学会相处、关心同学、乐于助人做起；诚实守信，要从不撒谎不骗人、不弄虚作假、说话算数做起；遵纪守法，要从守校纪班规做起；艰苦奋斗，要从勤俭节约、不同他人攀比、珍惜每一分钱、每一粒粮食、每一滴水、每一张纸做起。这样的主题教育活动对于每一个参与的队员都是一个入脑入心的教育过程。

——何　敏

我们的队员是幸福的一代，时代的发展开阔了他们的眼界，但日趋激烈的竞争又对他们的成长提出了更高的要求。我们要培养的是热爱祖国、勤奋学习、全面发展、积极向上的一代，少先队组织的对其引导起了很大的作用。我们应该思考，究竟如何才能使少先队活动在带给队员们快乐的同时进行有效的教育。

——黄玉菊

自从当上中队辅导员就一直在摸索工作规律，尤其是组织活动方面的经验。我认为成功的主题教育活动一定做到内容要充实，要在引导队员更加关心国家大事，心系祖国，荣辱与共，做一名真正热爱祖国、热爱人民的好少年的同时，培养提升队员能力，以充分发挥队员的主观能动性，展示队员的综合能力，培养中队积极向上、蓬勃进取的良好风气，树立健康向上的理念。要在活动中展现集体风貌，增强集体的凝聚力，体现趣味性、自主性、教育性和实践性。

——王　艳

班主任和中队辅导员虽有着相同的教育对象和教育目标，可班主任与学生之间是管理者与被管理者的关系，中队辅导员则与少先队员是指导者和大朋友的关系。两种教育形态、两种教育理念但殊途同归，就像人的左右手，两手协调十指联动，才能把事情做好。我们身负班主任和中队辅导员两重身份，应该在育人过程中科学地合二为一，将班级管理与集体建设结合起来，力争取得事半功倍的效果。

——温红丽

队会能够有效促进中队建设。一个优秀的中队集体必然会提供给它的全体成员以展示自己的机会，而这种展示的过程充满了个体与群体的互动，其交融互补的过程便是集体凝聚力形成的过程。因此，队会礼仪的规范、队会内容的策划、队会形式的设计，都应该注意发挥少年儿童的天性，语言口语化，动作生活化，主题情趣化，让队员们在队会中真正快乐起来、成长起来。

——王剑琴

作为辅导员的我，特别注重寓教育于活动之中，讲究活动的连续性和渐进性，使教育成系统，活动成系列。活动中引导全体队员行动起来，或调查访问，或查阅资料，或动手实践，或亲自体验，通过自定目标、自我激励、自主学习、自我探索、自我评价，提供给队员们一个学知识、学本事、学做人的大平台。实践证明，辅导员把教育的功夫下到了，队员们接受教育的质量就上去了。

——夏梁宏

诚信是为人立身之本。我们的社会需要诚信，我们的生活呼唤诚信。诚信带给我们温暖的阳光，会温暖人们一生；但诚信也是脆弱的，只要有寒流侵袭,就能使它大量流失。开展诚信教育是一项长期而艰巨的工程，只有学校、社会、家庭共同努力，才能构筑起诚信的长城。因此，我们要积极争取学生家长以及社会各界的支持和配合，引导队员处处讲诚信，时时讲诚信，让诚信教育不断深化，做到民族精神代代传。

——刘　红

我们的旗帜火一样红

特色中队

TE SE ZHONG DUI

爱心中队

- 中队：六(3)中队　队员49人
- 中队长：吴鹤仪　龙海依
- 中队委员会：

学习委员–赵希源　组织委员–周闻达

宣传委员–王凌霄　卫生委员–李时雨

体育委员–申家兴　纪律委员–李拟东

维权委员–张路杨

- 中队辅导员：黄玉菊　小学高级教师　北京市海淀区优秀班主任
- 创建时间：2007年
- 中队荣誉史：

2009年获北京市“先进班集体”荣誉称号

2009年获北京市海淀区“少先队奥运服务保障工作先进集体” 荣誉称号

2007–2008学年度获北航附小“优秀班集体”荣誉称号

北航附小六(3)“爱心中队”是一个团结向上的集体。2007年年底，中队辅导员偶然认识了云南省保山市龙陵县第三中学的思品老师赵萍兰。赵老师讲述了她所任教的龙陵县第三中学的情况，龙陵三中1942年建校，坐落在云南省保山市龙陵县距县城60公里的象达乡老街坡。学校的前身叫“晓东中学”，得名于龙陵抗战司令朱晓东，解放后改名“象达中学”，改名为“龙陵县第三中学”。这里的学生大多来自贫困山区，很多学生必须靠学校帮助才能完成9年义务教育。虽然国家推出农村义务教育政策，但还是有好多的孩子为了读书而债台高筑。

了解这种情况后，中队辅导员心中便萌生了帮助他们的念头，得到了同学们积极响应，家长尽力配合。于是，爱心中队应运而生，49名队员有了自己的手拉手朋友，他们用书信的形式交流，相互通信达300多封。有的同学在信中描述北京的变化，寄去了鸟巢、水立方等一些景点的图片；有的在书信中介绍学习技巧，互相鼓励，给予了他们精神上的帮助。通过交往，云南的朋友了解了北京，了解了北航，了解了大都市同学的生活。通过信件，他们增加了信心，知道在同一片蓝天下还有一群朋友在时刻关注着他们，也多了一些对未来的希望。

爱心中队开展了如下丰富多彩的爱心活动。

爱，走向云南

为了帮助我们的朋友，爱心中队举办了捐款活动，同学们一个一个地把钱投进到捐款箱里。大家拿出了自己的零用钱买来喜欢的纸模型，制作好后有的参加了学校的比赛，取得了优异的成绩；有的拿到拍卖会上进行拍卖。拍卖的物品五花八门，有从国外带来的礼品，有五福娃的挂件，还有学生亲手制做的装饰品。我们还举行了跳蚤市场，3次捐款共计4000多元。这笔钱寄给了需要帮助的远方小伙伴手里，让他们体会到来自北京的关爱。拍卖活动曾在中央广播电台小喇叭广播中播出，《中国少年报》也有报道。现在我们每月还给一个叫李家旭的学生寄去50元。其实，这种爱的行动远远不止在物质和金钱的援助上，更重要的还是在于精神的鼓励和鞭策，我们做到无私奉献，真诚相助。

各种各样的拍卖物品摆了一桌子

爱，走向汶川

爱心中队的同学们在2008年的汶川地震后积极参与了学校举行的捐款活动。同学们把自己的压岁钱都拿了出来，少则几十元，多达上千元。想到这些钱可能会变成药物、食物，能够拯救人的生命的时候，同学们兴奋不已。

爱，走进社区

迎接奥运期间，为了变废为宝，队员收集了一些易拉罐制作出精美的工

艺品。王凌霄更是不甘示弱，几天内把全家动员起来齐动手，用废弃的饼干盒子、挂历纸做了一个新颖别致的电影放映机。现在，王凌霄还准备用废旧物品制作一所小型的北航附小，等到毕业的时候作为礼物送给母校。

同学们在公园里采访

爱心中队的队员们都明白：自己不但是中队的小主人，也是社区生活中的小主人，所以他们特别注重在社区活动中参加各种活动，从中获得锻炼，为2008年的绿色奥运做出贡献。为此，中队开展了“文明北京，绿色奥运”的校外活动。2008年寒假，大家以小队为单位来到公园、社区、街道开展宣传奥运的活动。他们认真地准备了卷子、话筒，为了能让更多的人积极地参与，还精心制作了一些礼物。3月6日开展了学习雷锋实践活动，队员走出校门，以捡拾白色垃圾、铲除小广告为主要行动，回来后，写了真实的感受，各小队也制作了精美的课件。每位队员还写了一份以“保护环境，迎接奥运”为主题的宣传卡片，把最想对叔叔阿姨说的话写下来，赠送给他们，小手拉起大手，共同保护我们的家园。在社会实践活动中，队员们获得了许多书本上学不到的知识，培养了自理能力及人际交往能力，还学会了一些基本的劳动技能。

爱心中队取得了可喜的成绩，多次被评为校级优秀班集体。这些成绩是全体师生的辛勤汗水和奋斗的心血。我们要不断提出新的奋斗目标，朝着共同的方向前进。

心语中队

- 中队：五（3）中队　队员45人
- 中队长：郗阳
- 中队委员会：

学习委员－李新贤　组织委员－赵妙言

宣传委员－周国如　卫生委员－陈　威

体育委员－熊宇燊　维权委员－胡安安

- 中队辅导员：裴巍　小学高级教师

　双榆树学区师德标兵　校语文学科带头人

- 创建时间：2007年
- 中队荣誉史：

2007年“快乐福娃‘棋’迎奥运”主题队会获北航附小第一届“春华杯”主题中队会观摩竞赛一等奖

2008年“福娃迎客到我家”主题队会获北航附小第二届“春华杯”主题中队会观摩竞赛一等奖

五(3)中队是一个朝气蓬勃、团结向上的集体。中队由45位活泼可爱的队员组成。他们心中充满爱，有较强的自主创新意识，集体中充溢着民主氛围和人文气息。每位队员都为自己是集体中的一员感到骄傲，同时又用自己的实际行动为集体添光彩。集体的生命力和凝聚力在于活动。你动起来，我动起来，大家一起动起来，中队才会充满生机和活力。在学校开展创建特色中队活动的过程中，经过全体队员的讨论，为中队取名“心语”。我们的口号是：心语传递知识，心语传递快乐，为每一位少先队员搭建展示成长的舞台，大家齐心协力用美好的语言传递友谊，传递知识，传递快乐。在“心语中队”，心

捐出我卖废品的一元钱为少代会做点贡献

与心的交流无极限。

我们“心语中队”于2006年建立了北航附小第一个中队博客，它成了教师、学生、家长一起交流、学习、互动的平台，是老师的好帮手，是同学们的好朋友，也是家长最喜欢的沟通渠道。队员们通过博客讲述中队趣事、介绍自己掌握的知识、交流自己的想法……家长通过博客了解孩子的校园生活，感受孩子成长的快乐，交流教育经验，和老师探讨自己关心的话题……老师通过博客走进家长和队员的内心世界，最直接地倾听来自队员和家长的声音，使班级的决策更加民主，更加代表队员的意志。从而使班级工作能够更好地为少先队员成长服务，得到最广泛的支持。心与心的交流使班级凝聚力更强了。家长都表示：“我们爱这个博客，孩子们在这个博客的影响下变得懂事多了。”

“说真话，诉真情”是我们博客始终贯彻的原则。至今我们的博客已经三岁了，队员们已经养成了经常访问博客的习惯。我们将再接再厉，共同书写“心语中队”的辉煌！

童心飞扬，自我管理。“心语中队”小鬼当家，让每个队员都参与到集体管理中来，开展了“我爱祖国山和水”、“中国地图拼图大赛”、“我为奥运做贡献”等活动，激发爱国情感，把对祖国的爱落实到平常的行动中；开展了“校规校纪我知道”、“我为学校争荣誉”等活动。培养大家自觉遵守学校规章制度的意识；召开了“我是集体小主人”、“关爱生命，我心永恒”主题队会，理解生命的真谛，明白奉献的内涵。

“我们被评为优秀小队了，Yeah!”

心语足迹，成长轨迹，中队在齐步前进！

京娃中队

- 中队：六（1）中队　队员48人
- 中队长：谭元晧　周家宝
- 中队委员会：

学习委员－付　越　组织委员－周天与

宣传委员－李嘉怡　卫生委员－杨兆鹏

体育委员－杜　洋

- 中队辅导员：郭育新　小学高级教师　双榆树学区班主任学科带头人
- 创建时间：2007年
- 中队荣誉史：

2007年"我的未来不是梦"主题中队会获北航附小第一届"春华杯"主题中队会观摩竞赛二等奖

我们京娃中队人人都愿意帮助他人，珍视集体荣誉，关心国家大事。

队员们清晰地记得，2001年的7月13日，国际奥委会第112次全会上，北京以压倒性的绝对优势获得了2008年奥运会主办权。消息传来，举国欢庆，万人空巷。申奥的成功，标志着拥有百年历史的奥运会，将首次在有着五千年悠久历史和文化的文明古国举行，而占世界人口五分之一的中国人民的广泛参与更加体现了奥林匹克精神。北京举办奥运会向世界展示中国改革开放的巨大成就，让世界更加了解北京、了解中国、了解中国人民。我们小学生要从现在开始，学习和宣传奥运知识，做奥林匹克文化的传播者，积极参与中外文化交流活动，做中外文化交流、发展的推动者。为此，大家一致同意将我们中队命名为京娃中队。

同学们给幼儿园小朋友讲北京的知识

中队命名后，队员们在假期里，

走进博物馆，走进北京的小胡同，走进北京的名胜古迹……或拍下照片，或制成手抄报，大家用自己的眼睛去观察，用自己的耳朵去倾听北京的变化。

同学们在“我爱北京”的主题队会上说相声

我们为此召开了“爱北京”主题中队会。在《北京，我的家》的歌曲声中，队员们介绍北京的历史，介绍北京的名胜，介绍北京的小胡同，演唱描写北京的歌曲，还展开了有关北京知识的智力竞赛……发出了心底的声音：我爱你，可爱的首都。

我们的校外辅导员——北航机械学院的大学生为我们进一步讲解北京的知识。队员们认真地听，细心地记，不时还向大学生们提问，难怪大学生们感慨队员们的北京知识还真丰富呢。

11月29日，我们来到首都博物馆，开始了了解北京、走进北京的系列主题活动。同学们手里拿着笔、本和照相机，认真收集资料。大家频频按下快门，嘴里还不断发出感慨，北京的历史这样悠久，北京的文化底蕴这样深厚，同学们为自己是一个北京人感到自豪。

我们相继组织召开了主题中队会，开展了各项活动，为了更好的宣传北京，我们在刘琦玥和姜有昊的家长帮助下，来到北航幼儿园，向小朋友们讲北京的故事。为了这次活动，大家做了精心准备，幼儿园没有电脑设备，我们就自己动手，把资料打印出来，结合小朋友的特点，准备了许多图片，有的小组还特意带了奖品，还有的小组带来了老北京的小吃，为的是让小朋友们能亲身感受，队员们用通俗的语言向小朋友们宣传北京，有的小朋友爱提问，如：什么叫艾窝窝？什么叫初二回娘家？什么叫娘家？你为什么没有娘家等问得大家直挠头。认真听的小朋友就会收到我们队员的小礼物，他们可高兴了。

在奥运村，我班谭元晧同学和佛得角大使在一起

奥运会开幕后，我们京娃中队的队员

观看了两场比赛，一场是手球，一场是现代五项。在观看的过程中队员们表现得很出色，他们知道，自己是北京的小市民，自己代表着北京的形象，因此他们处处留意自己的行动，时时刻刻规范自己的行为。他们观赛之前了解了有关比赛的知识，对观赛礼仪了如指掌。他们热情地为场上运动员呐喊助威，他们吃东西喝水时用手捧着，生怕弄脏了地面，离开场馆时，队员们主动地拿走了地面上的水瓶。谭元皓还作为学校代表前去拜访了奥运手拉手国家佛得角的大使。大家用实际行动证明自己是文明的北京人。京娃中队的队员们用自己的方式诠释着奥运理念。

一系列的中队活动的展开需要我们中队辅导们，拥有一颗童心、热爱教育事业的心、热爱孩子的心，能够全身心地投入教育工作，平时能够走进学生，倾听孩子们的心声，始终愿意做孩子们的大朋友，真诚地与孩子们进行交流，不断在实际工作中锻炼小干部的能力，在家长们的配合下，让孩子们在活动中增长知识。

自主中队

- 中队：五（1）中队　队员42人
- 中队长：李沐泽
- 中队委员会：

学习委员－蒋　楠　组织委员－陈　昊
宣传委员－胡　楠　卫生委员－李其融
体育委员－王忠诚　维权委员－王　懿

- 中队辅导员：续军荣　小学高级教师　海淀区语文学科带头人
- 创建时间：2007年
- 中队荣誉史：

2006－2007学年度第二学期被评为北航附小优秀班集体
2007－2008学年度第一学期被评为北航附小优秀班集体

特色中队成立背景

许多人说班级难于管理，这其中的主要原因是学生处于被动管理的位置，使其缺乏主人翁意识。现在的学生自主意识较强，一旦他们真正参与管理，班级管理效率将成倍提高。在这一过程中，学生将会变被动执行为主动制定、主动执行，角色的换位能更加充分调动学生的自主参与意识，同时也促进了班级文化的蓬勃发展和班级的和谐发展。鉴于此理念，我和少先队员们决定，把管理班级的权利还给队员，让所有队员都体验到作为班级主人的责任，都能意识到自己是中队中不可缺少的一员，是行之有效的。

特色中队成立后的变化

“人人有事干，事事有人干。”这是我们五（1）中队的班级口号。在我们这个集体中，人人都是小主人，人人都是小老师，人人都有一个为集体奉献的岗位。

清晨，当灿烂的阳光照射进教室时，吕大富同学早已悄悄地把窗户打开，让教室充满新鲜的空气。再看窗台上，一盆粉红色的杜鹃花正在金色的阳光下绽开笑脸，欢迎每一个同学的到来，这是王忠诚同学主动从家里搬来的花盆，清风阵阵袭来，教室中弥漫着花的芳香。

排队换书

不仅教室的环境有人管，班级的管理工作也是井井有条。刘丹彤同学站在前面检查红领巾的佩戴情况，如果有的同学没有戴红领巾，她会热心地把自己提前准备好的红领巾借给他；早读的铃声刚刚响过，胡楠同学就会俨然一位小老师开始带领大家背诵宋词，教室里充满朗朗的读书声；每天中午，杨林同学负责把垃圾桶拿到教室前面，便于大家扔脏湿纸巾，吃过午饭后，再负责把垃圾倒掉，任劳任怨，没有一天间断过。

再看课间，讲台前同学们自觉地排成一队，班里的队干部正在轮流管理借阅图书，不仅图书摆放得非常整齐，而且大家耐心地等待，教室仿佛变成了一个小小的阅览室。

这就是我们的中队，无论中队辅导员在与不在，大家都能够自觉地学习，自觉地生活，自主之花开遍了每个人的心中。

自主活动介绍

走进幼儿园

每当看到老师在台上讲课，我的脑海中就时常浮现出我在幼儿园当小老师的情景。回想起小朋友们活泼可爱的笑脸，回想起他们专心“听讲”的表情，我的脸上不禁绽放出灿烂的笑容……

在幼儿园里与小朋友们谈得真开心

就在星期一的班会上，我们正发愁不知道小队活动去哪儿时，李若涵忽然说：“我妈妈是幼儿园园长，咱们可以去幼儿园！”“好呀！”“太棒了！”我们纷纷表示同意。刘海壮说：“我妈可以送我们过去。”贺一昆也争着说：“我妈能接。”“我印通知吧！”“我俩带贴画和糖奖励小朋友们。”“我……”大家七嘴八舌地安排着工作，一切都是那么井井有条。

风儿轻轻地吹着，把刚刚长出绿尖的小草压弯了腰；麻雀妹妹唱着欢快的曲儿，喜鹊妈妈哼着优美的歌儿……此时，我们小队的队员就像一只只快乐的小鸟，心儿早已随着天上的云朵一起，飘到了有色金属幼儿园。

终于到了，我的心头竟又充满了紧张：要是小朋友不听我们的怎么办呀？如果我讲错了怎么办呀？怀着紧张却又有些兴奋的心情，我们慢慢地走进中班。我整了整衣装，镇定地说：“小朋友们，你们好！我们是来自北航附小五(1)班的。今天，我们会教你们怎样做一个合格的小学生。大家有什么问题，尽管举手问吧。”这时，一个瘦瘦的小女生最勇敢，把手举得高高的，一脸严肃，仿佛真的在上课一样：“上课可以吃东西吗？”“不可以，上课要专心听讲。”我们耐心地回答，原来，当个小老师也并不难嘛！接着，我走过去，将一枚卡通贴画郑重其事地贴在她的胸前：“说得真好，奖励一个贴片。”她把背挺得更直了：“谢谢姐姐！”其他小朋友见发言有奖励，便纷纷举起小手，那场面真是争先恐后。

然后，我们又为小朋友们表演了准备已久的魔术。李沐泽的“儿时梦想”真是太神了！把牌轻轻摩擦，就变成了另一张，小朋友们都看得目瞪口呆；接着，是我的“三仙归洞”，把球从这个杯子变到那个杯子，赢得了小朋友们的欢呼声；最后，是李若涵的“会移动的绳子”，一个小朋友把脖子伸得老长，生怕看不见，结果都快变成“长颈鹿”了。

踏着轻快的脚步，我们离开了幼儿园，似乎有些眷恋，眷恋这里的大滑梯，眷恋当老师的感觉，眷恋这里的小朋友和与他们一同度过的时光……

龙凤呈祥小队：李其融

走上街头

衣裤破了可以补，桌椅坏了可以修，鞋子脏了可以刷，人有了病可以医治，可是地球妈妈要是病了，就没药可治了，所以我们一定要像爱护生命一样，爱护我们的地球妈妈。可如今，我们发现地球妈妈的脸上长满了青春痘，身上长满了牛皮癣。今天我们就要对地球妈妈的“病”进行医治。

今天我们小队将要在北航附近这一代清除“牛皮癣”。我们决定在学校门口集合，向小广告发起进攻。

去除小广告

阳光暖洋洋地照在地上，使人陶醉。太阳像个温热的炉子散发着光芒，照在绿色的草地上，金光粼粼。铲子、喷壶、手套、两大瓶水、清洁桶、相机、记录夹，一样不少。我们开始工作了，李化雨、裴雨洋、胡帮耀、刘翰文拿铲子铲，计响杨喷水，我来做记录。计响杨先把水洒在小广告上，然后再由其他四位队员奋力地把小广告铲下来，“这是谁贴的啊？这么难铲，难道是举重冠军张湘祥贴上去的吗？”“还这么高，不会是姚明贴上去的吧！”我们这些五花八门的问题让大人听着都在一旁偷着乐。就在这时，李化雨拿出了他的宝贝——“胡子王”刀，李化雨用它从缝隙伸进去一刺，小广告就轻而易举地掉了下来，我们都夸李化雨长大能当一个专业“胡子手”，我在一旁数了数这张黏在一起的广告，大约有十层厚。该记录了，我望着那一张张慈祥的面孔，心里像开了锅的水。我走上前去，胆怯地说：“阿姨，请问您能填一下对环保的希望寄语吗？”“对不起，我赶时间。”一句话，像灭火器一样。“噗”地一下把我心头的希望之火浇灭了。我的心冷了，不敢再询问了，可是在同学们一次次的鼓励下，我又满心不悦地往前蹉了一小步，正好又从前面走来一位阿姨，她看起人来两眼总是打闪似的，眼光里充满了热情与聪慧。我走过去，抱着试一试的心态说：“阿姨，您能填一下对环保的希望吗？”她露出热情的笑脸：“真的吗，太好了！”笔一挥，写下了这样一行字：保护环境，人人有责。看完这句话，我们都不由自主地给这位阿姨鞠了个躬。是啊，保护环境，是保洁员的责任，也是每个公民的责任，中国有十三亿人，如果每个人揭一张，那就会是十三亿张。就让我们手拉手，心连心，保护地球妈妈，让地球妈妈变得更美吧！

阳光小队：裴丹桢

阳光少年中队

- 中队：二（4）中队　队员43人
- 中队长：乔雨轩
- 中队委员会：

副中队长－尹澍今　孙博洋

学习委员－王梦婷　李雯欣

纪律委员－刘若怡　丁　一

宣传委员－张而弛　杨斯文

卫生委员－夏　溥　皇甫睿捷

维权委员－李昆仑　王知怡

文娱委员－刘舒桐　文　迪

体育委员－肖惟轩　隋　唐

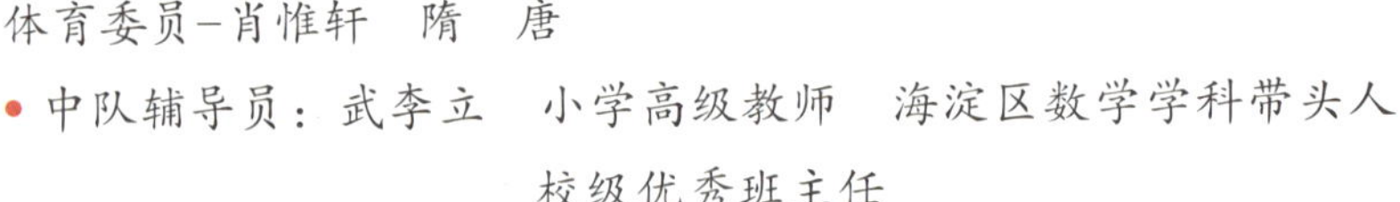

- 中队辅导员：武李立　小学高级教师　海淀区数学学科带头人　校级优秀班主任
- 创建时间：2008年
- 中队荣誉史：

2008年获北航附小“蓝天杯”诵读比赛团体第一名

2008年获北航附小“蓝天杯”冬季长跑比赛团体第一名

2008年获北航附小“蓝天杯”艺术节团体总分第一名

瞧这一家子

虽然只是二年级，但中队已经通过活动使队员们感受到了“播种爱心，收获未来”的含义。队员们在充满爱的沃土上茁壮成长着，阳光快乐每一天。

中队为了加强队员与队员、家长与家长、队员与辅导员、家长与辅导员之间的交流与沟通，由王知怡妈妈

任网络管理，于2007年9月开通了博客、邮箱和QQ群，于2008年9月又开通了飞信服务，博客里既有家长和辅导员的文章，又有小队员们的绘画、摄影、诗、小文，它是家长和小队员们之间交流的天地。中队在学校的各方面都很出色，去年的蓝天杯古诗文诵读比赛得了第一名；“蓝天杯”长跑比赛第一名；做操比赛第一名；艺术节总分第一名；包揽了上学期三个月的流动红旗，被评为了先进班集体。代表学校参加了区中队会比赛和展示。这仅仅是上学期的成绩，但能够看出来中队阳光少年的小队员们是多么了不起。

“看看我们做的钟，羡慕吧！”

在中队里，队员之间互相帮助，任何损害集体利益的行为，都会遭到队员们的批评。2007年12月，虽然北风呼啸，但中队的队员们却给太阳村的孩子带来了暖意，在那里，队员们用不同的方式表达了自己的爱，歌舞、音乐、魔术、游戏……队员和他们的小手拉在了一起；同时给他们带来了食物、衣物和捐款。2008年奥运会将要到来之际，中队进行了模拟火炬传递，用各种形式表达了对北京奥运的支持；汶川地震，队员们捐款献出了自己的一份爱心，表达了对灾区小朋友的祝福。

在家委会的帮助下，在家长的支持下，中队开展了“播种爱心，收获未来” 的主题系列活动。在走进农村的活动中队员们知道了什么是农村，怎样磨豆腐，怎样打豆子，通过采摘果实、体验到了粮食的来之不易，要珍惜粮食；在太阳村，队员们懂得了“给予、关心和帮助”带来的喜悦。除此之外，大家还和《我们爱科学》杂志主编一起参观了猛禽救护中心，队员们画了很多画，看着被救助的小动物，听着讲解员的叙述和有关图片，队员们明白了保护环境和动物的重要性；各小队组织了家庭游，打球、拔河、捞鱼、捉蝴蝶……玩的特别开心。队员们还学着做了比萨，品尝着自己做的美味，感觉到没有什么不可以做到的。2009年2月，中队来到了农业展览馆，参观非物质文化遗产展，队员们不禁感叹道祖国好伟大！

“这是我做的，您尝尝吧！”

使自己和更多的人懂得快乐和感恩，这就是阳光少年中队。

青鸟中队

- 中队：二（3）中队　队员 42人
- 中队长：赵希汉　张蕾
- 中队委员会：

学习委员－李润天　组织委员－刘宇轩

宣传委员－段博华　卫生委员－顾　湘

体育委员－张潇一　维权委员－袁瀚芃

- 中队辅导员：陈凤花　小学高级教师　学区语文学科带头人
- 创建时间：2008年
- 中队荣誉史：

2008年获北航附小“蓝天杯”诵读比赛团体第二名

2009年获北航附小“春运会”迎面接力赛第二名

二(3)中队由42名队员组成，大家都有一颗热爱集体的心。青鸟是幸福的代名词。一人有困难大家来帮助，一个家庭有难处，大家都伸出热情之手。在家委会的倡议下，在中队辅导员的指导下，中队开展了丰富多彩的爱心活动。生活在这个中队，大家都亲切地称为二(3)家。

学会关心他人

在吕韵清妈妈的倡议下，大家一起关注那些因为残疾而被遗弃的孩子，家长纷纷响应，自发组织活动小组，动员队员们把自己不用的学具、不玩的玩具都汇集到了学校，有的家长觉得还不能表达他的心意，索性买来了大量的衣物，有的家长画了一颗大大的红心，让每个孩子签上自己的名字，在每一件物品上，我们都贴上了笑脸。张张笑脸就是我们的心意。短短的两天时间，办公室成了大库房，肖雅文家长主动借来了大车，

自己动手

冒着凛冽的寒风，全体同学赶往了“生命树”。在那里看到了身患残疾的孩子们，看到了精心呵护他们的工作人员。当队员们看到这些生病的孩子生活不能自理时，都主动弯腰帮助他们。在回来的路上，车厢里沉静了许多，大家都在思考着什么？队员们似乎对“幸福”二字有了特别的理解。大家从小生活在温暖的摇篮里，被爷爷、奶奶、爸爸、妈妈的爱紧紧地包围着，从来就不知道在自己的身边还有很多孩子缺少爱，缺少关心！队员们感到自己太幸福了，于是中队有了一个温馨而又浪漫的名字——青鸟中队。

如果说“生命树”之行，给大家留下的是感慨，那海淀公园的联欢给队员带来的是友谊。暑假第一天，在美丽的海淀公园，中队举行了母子体育活动，在草坪上大家一起畅谈，一起吃西瓜，一起做游戏……活动使大家更加亲近，更加团结。在“我与家长比童年”活动中，中队还搞了一次饺子大餐。

快乐的周末

青鸟飞来了，飞到队员心里，带来了幸福和快乐，也带来了成长和进步……

书香中队

- 中队：五（4）中队　队员45人
- 中队长：丁科
- 中队委员会：

学习委员－闫瑞恬　宣传委员－贾　玥

体育委员－卜宁远　组织委员－王鑫泉

卫生委员－李佳航

- 中队辅导员：谢敏　小学高级教师　海淀区班主任风采大赛二等奖
- 创建时间：2007年
- 中队荣誉史：

2006－2007学年度第一学期被评为北航附小优秀班集体

2006－2007学年度第二学期被评为北航附小优秀班集体

2007－2008学年度第二学期被评为北航附小优秀班集体

2008－2009学年度年获北航附小春季运动会团体总分第一名

五(4)中队共有45名少先队员，活泼可爱、热情开朗，最重要的是队员们的集体荣誉感非常强，他们积极参加学校组织的各项活动，多次获得“优秀班集体”称号。他们的口号是：书香飘万里，好书伴我行。

为了倡导“多读书、好读书、读好书”的风尚，促进中队读书氛围的形成，扩大队员知识面，2007年4月23日“世界读书日”，我中队正式启动了“好书伴我成长”的读书活动。书是人类进步的阶梯！书为队员们打开一扇扇窗，开启一道道门，让他们看到一个魅力无穷的大千世界。在读书的过程中，丰富了他们的知识，开阔了他们的视野，活跃了他们的思维，陶冶了他们的情操，使他们体验到“我读书，我幸福！”、“书能使我们一生快乐！”

读书，是队员们净化灵魂、升华人格的一个非常重要的途径。从让每一个队员想读书、爱读书、到培养他们会读书、多读书，既是一个学习的过

程，也是一个良好行为习惯的养成过程。

根据新教育文库的推荐书目，学校组织队员开展“大阅读”活动，队员们熟读经典诗词50～80首，五年级每生每学期必读学校推荐书目6～10本；精读2～5本，队员做到：

(1) 建立“读书记录本——采蜜集”。将读书活动中的精彩片段、好词好句、名人名言、心得体会及每学期的读书计划等记录下来，每学期开展一次“采蜜集”展示评比活动。

(2) 确立读书时间和标准。利用中午12点30分到1点共30分钟的时间为队员读书时间，师生共读。放学后在家每天读书时间至少30分钟，随着年级的增高，读书时间要适当延长，提倡家长与队员“亲子共读”，并加强对队员读书指导。

(3) 开展古诗文诵背活动，要求背诵的古诗文篇目进行集中背诵。倡导并实践“走进教室就看书”。

(4) 中队成立图书角，队员主动捐书，配备1～2名队员作为兼职图书管理员，负责图书的出借、登记、归还等服务工作，大力提倡到学校图书馆借阅图书。

学生的读书笔记

(5) 评出“诵读大王”、“优秀读书笔记”等，选出好的文章推荐到学校校报和红领巾广播中播发。

除了队员们，辅导员自己也做到：创造机会，确保队员们有充足的阅读时间，和队员共读一本适合的书；认真阅读队员必读的书籍，做好读书笔记，并写出读书心得。

与此同时，建议家长积极配合学校开展读书活动：为队员在家里营造浓浓的读书氛围：给队员一个读书架，并将队员已读完的书单独陈列，将队员写的读书座右铭打印放大张贴在房间里；为队员添几本好书（必读和选读）；给队员建一个阅读成长档案袋，内装队员的读书记录本、日记本等；与队员同读一本书（亲子共读），并写出与队员共读的感受。

书香中队在读书活动中首先让队员们每天至少读30分钟的书，做笔记，把读到的好词、好句、好段抄写下来。定期开展“读书笔记展示”和“读书交流会”。上个学期，还开展了“好书伴我成长”主题中队会。目的是发动队员们多看书，多阅读，多了解各方面知识，扩大自己的知识面。

“好书伴我成长”队会

中队建立了图书角。教室的一角有一个书架，能放好几百本图书。老师和同学们非常踊跃地把自己觉得既有意义又好看的书放到中队图书角，图书管理员把所有的书都编上了号，方便大家借阅。创建中队“读书吧”，通过借阅校图书馆书籍、队员捐书、读完我推荐等多种方式进一步补充藏书数量与质量，丰富图书种类，为队员看书提供条件，以保证队员能随手拿到自己喜欢的书，真正让中队成为书的世界。全体队员积极借阅，书架上所剩图书经常寥寥无几。大家通过读书，拓宽自己的视野，收获了很多课本以外的知识。

我们的小书架

一个好的习惯能影响队员的一生，读书就应该成为队员具备的最基础习惯。通过开展“多读书，读好书，好读书”、“师生共读”、“亲子共读”活动，拉近教师、队员、家长的距离，巩固和发展了在读书中学到的知识与本领，提高了队员从书中汲取营养的能力，让队员在读书中体会学习乐趣，品味精彩人生。

李四光中队

- 中队：六（4）中队　队员 50 人
- 中队长：刘霜婷
- 中队委员会：

学习委员－陶雨芊　组织委员－张雨颀

宣传委员－张歆沂　卫生委员－全禹霖

体育委员－陈逸野　维权委员－韩奕芃

- 中队辅导员：王洪雨　小学高级教师
- 创建时间：2006 年
- 中队荣誉史：

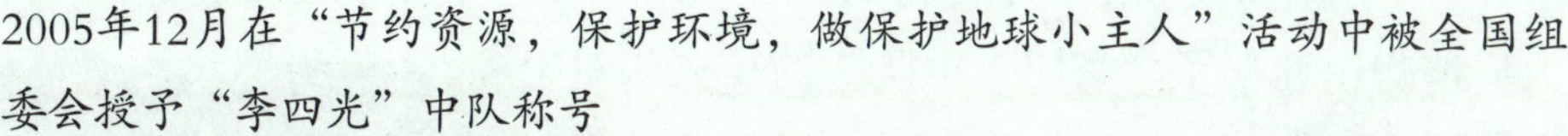

2005年12月在“节约资源，保护环境，做保护地球小主人”活动中被全国组委会授予“李四光”中队称号

2006年获全国首届“魅力少先队”魅力杯奖

2006年元旦前夕，“发扬李四光精神，创建节约型社会，李四光中队授旗仪式”在北京大学附属小学举行。北航附小六(4)中队等海淀区8所小学的15个优秀中队被授予“李四光中队”称号，并接过了“李四光中队”队旗。

授旗仪式上，“李四光中队”的队员们发出倡议：增强节约意识，开展节约行动，传播节约美德，建设节约文化，积极发现、努力寻找节约小窍门和节约好方法，形成自己的节约新主张。

与我校原李四光中队的队员合影留念

中队多次组织“了解李四光”、“学习李四光刻苦奋斗”等活动，通过一次次活动，队员们了解李四光的事迹，学习李四光精神，决心做李四光那样的人。从三年级开始，中队举办了“绿色银行”活动，每位同学自己制

作了绿色银行存折，贴上了中队的标志。大家把废弃物积攒起来，每个周日卖掉。这样做既环保，又能把收废品的钱当作班费。五年级的李四光中队中林琳同学创作的环保故事“小鱼的家”在团中央《少先队小干部》杂志上发表，入选海淀区少工委所编《红领巾讲荣辱》一书。后改编成剧本，由不同班级的同学一起表演，获全国首届青少年音乐歌舞剧比赛北京赛区一等奖、全国比赛二等奖。在假期活动中，假日小队组织队员们发放环保宣传单，对乱扔塑料袋、废弃塑料瓶等进行宣传劝告，宣传白色污染的危害性。

李四光中队参观地质博物馆

中队各个小队以“学习李四光”为主题给自己小队命名，制定小队计划、确定目标，做出方案和环保计划，使活动持久开展起来。

“节约资源，保护环境，做保护地球小主人”活动全国组委会与北航附小共同举办了“我与长辈共话改革开放30周年”为主题的科技月活动，中国地质博物馆迎来了“李四光中队”的少先队员们。国土资源部、中国地质博物馆以及北航附小的有关领导参加了活动并深入浅出地向学生讲解了地质历史和中国矿产资源状况。他们鼓励队员们从我做起，从现在做起，节约资源，保护环境。国土资源部机关党委常务副书记、全国组委会副主任李建勤向“李四光中队”代表赠送了《环保小卫士》丛书和礼品。在向叔叔阿姨们汇报了自己取得的成绩后，“李四光中队”的全体队员表示，要学习和继承老一辈科学家热爱祖国、科学探索的精神，勤奋学习，立志报效祖国。

李建勤叔叔赠送了《环保小卫士》丛书和礼品

航天中队

- 中队：五（5）中队　队员45人
- 中队长：龙逸帆
- 中队委员会：

学习委员—何睿涵　李思璇　董函云

纪律委员—李晓易　刘柏桐　杨　桦

宣传委员—郭梓钥　董和佳　赵　亮

组织委员—王钐齐　张　骁

体育委员—裴育斌　鲍　珂

- 中队辅导员：张艳　小学高级教师　双榆树学区语文学科带头人
- 创建时间：2007 年
- 中队荣誉史：

2007年8月参加中央电视台教师节特别节目“丰碑”的录制工作

2008年10月代表北航附小少先队参加海淀区大队会展示活动

2008年获北航附小“蓝天杯”跳绳比赛团体总分第二名

2008-2009学年度第一学期被评为北航附小优秀班集体

航天中队是由45名队员组成的朝气蓬勃的集体，他们争先恐后地为集体增光添彩、爱学习，勤动脑，有爱心，人人力争上游，个个比学赶帮。

中队许多队员都是大学教职工的子弟，他们当中有的家长亲自参与过神舟飞船的研制工作。近年来祖国航天事业飞速崛起，神舟六号、七号飞船的成功发射，嫦娥一号顺利登月极大地激发了同学探索宇宙的热情。北航人为了祖国的航天事业取得的辉煌成就，做出了巨大的贡献。他们勇于探索、无私奉献、不怕吃苦的航天精神无时无刻不在影响和激励着队员们。学校一直把弘扬“航天精神”作为学校德育工作的主线。因此，为了让航天精神进一步地激励队员们成长，提高队员的综合素质，我们决定创建航天中队。

航天中队成立后，先后开展了很多活动：自2007年起，中队的队员们先

后参观过航天教育基地、神舟六号飞船返回舱、嫦娥一号探月展览、卫星的发展等精彩展览。返回舱、宇航服、航空食品等精彩的实物展出激发了队员飞向太空，探索宇宙奥秘的渴望，使队员在领略了宇航员风采的同时，丰富了人生体验，增长了太空方面的知识，开阔了视野，锻炼了才能，坚定了以后挑战太空、振兴祖国的航天事业的信念。

参观飞船、卫星展并与航天员叔叔合影

航天中队没有局限在学校活动，而是向社会辐射，我们依托大学及家长的丰富资源，聘请相关的专家和有关方面的教师做顾问，广泛开展了以航天为主题的爱科学活动。如请何睿函同学的父亲(曾参与过卫星的研制工作)，为队员们做“飞向太空”的主题报告，何叔叔丰富多彩的图片资料和自己的亲身经历深深吸引了每一位同学。另外，我们还邀请了裴育斌同学的爸爸(机器人研究方面的专家)为我们介绍了我国及世界机器人的发展，激活队员们的科技兴趣，开发潜能，增强科技的创新意识和实践能力。同时，在学科教学中体现科技教育的内容，在课堂教学中注意加强科技教育的渗透，培养少先队员们的科技意识，做到讲科学，用科学。例如在讲授《飞向月球》、《只有一个地球》、《太阳》等课文时，通过课堂的宣传和讲解，进行航天方面的科技知识和爱国主义的教育，引导队员们以科学的高度来认识航天的重要性，了解航天，认识航天，树立献身航天事业的远大志向。中队还积极参加学校举办的科技节，发动大家积极撰写科技小论文，大家制作的航模获得了学校的多种奖项。

何叔叔讲的航空知识讲座太精彩了！

丰富多彩的活动，大大地激发了队员们对航天对科技的热情，激发了队员们探索真理的热情，激发了队员们的爱国主义热情。航天中队就是这样一个积极向上的集体，他们就像一群银燕，翱翔在祖国的万里云空，飞向光辉灿烂的未来！

假日风采中队

- 中队：五（2）中队　队员45人
- 中队长：王睿煊
- 中队委员会：

宣传委员－金雯喆　　学习委员－唐天乐
组织委员－姜伯男　　文艺委员－周诗曈
体育委员－蔡黄思桐　卫生委员－游吕铭
维权委员－石玉鑫　　纪律委员－周雨飞

- 中队辅导员：赵利芳　小学高级教师
- 创建时间：2005年
- 中队荣誉史：

2008-2009学年度第一学期被评为北航附小优秀班集体
2008-2009学年度第一学期获北航附小科技节辩论赛第一名
2008-2009学年度第一学期获北航附小“航空航天知识竞赛”团体第一名
2008-2009学年度第一学期获北航附小“古诗文诵读”比赛第一名
2008年获北航附小“蓝天杯”冬季长跑比赛团体第二名
2008-2009学年度获北航附小春季运动会团体总分第二名

五(2)中队是一个团结友爱、奋发向上的集体，是一个汇集着家长、中队辅导员、队员凝聚力和创造力的集体！

2007年在慕田峪捡白色垃圾合影

从一年级入校，中队辅导员赵利芳老师就积极发掘教育资源，成立了“家长委员会”。在主任委员甘晶媛妈妈——刘炳蔚的积极带动下，五年来家长委员们和一些热心家长结合学校教育及少年儿童成长特点，将德育与假日结合在一起，开展了一系列寓教于乐丰富多彩的假日活动。

2008年1月在“桃源仙谷”

2005年以来队员们先后参加了春季郊外植树、访问太阳村、生存岛户外拓展、慕田峪长城公益活动、桃园仙谷冰雪行、铲除小广告——保护环境我先行、秋季采摘、参观海淀地震馆参观等活动。通过植树、铲除小广告等活动培养了队员们热爱大自然、热爱劳动、关注人类生存环境的意识；通过太阳村献爱心活动，培养了队员们对他人的关爱，懂得了孝敬父母、奉献爱心、逆境中生存以及遵纪守法的道理；通过慕田峪长城公益活动，培养了队员的责任感、激发他们的爱国主义情怀；通过生存岛的户外拓展训练，不仅培养了队员们的顽强毅力，同时也学习了很多课外知识和劳动技能，如蔬菜采摘、插花、蜡染、篝火等；还有参观海淀地震馆等活动，让队员切实提高了安全自护的意识和能力。这一系列家校合作的教育活动，寓教于乐，深受队员和家长的欢迎。

中队辅导员赵老师和中队委们在一起

在五(2)中队，队员们勤于思考，善于动手，勇于创新，形成了良好学风；队员们热爱集体，追求进步，渴望荣誉，营造了和谐奋进的班级氛围……在家长、辅导员、队员的共同努力下，在今后的假日活动中，他们将集思广益，创新出更多更好的集体活动。

快乐中队

- 中队：三（1）快乐中队　队员43人
- 中队长：覃雅琪
- 中队委员会：

学习委员－魏逸凡　组织委员－唐子湉

宣传委员－崔笑然　卫生委员－赵曾亮

体育委员－李　赞　纪律委员－朱怡慧

- 中队辅导员：夏梁宏 小学高级教师　海淀区双榆树中心学区班主任学科带头人　海淀区优秀青年教师　海淀区优秀班主任　北京市“紫禁杯”班主任一等奖获得者。
- 创建时间：2008年
- 中队荣誉史：

2008年“快乐游戏跟我来”主题队会获北航附小第二届“春华杯”主题中队会观摩竞赛二等奖

2009年“我们和我”主题班会参加北航附小第三届“春华杯”主题班会展示活动

2009年参加北航大学中法科学知识教育探究学习的研讨活动

班级采摘大桃子

三(1)中队有43名活泼可爱的队员，队员们热爱集体，关心集体，每天都渴望在集体里得到快乐，教室里总是充满欢声笑语。快乐中队的口号是：快乐学习，快乐成长！

快乐中队开展了丰富多彩的寻找快乐活动。首先是寻找学习中的快乐。通过大家介绍自己在学习中获得快乐的体

验，一起总结学习方法，分享学习心得。“每天一个快乐故事”的主题活动，为的是让队员们积极发现学习中的快乐，获得学习上的进步，可受欢迎了。

快乐中队组织大家积极寻找生活中的快乐。通过各种类型的活动，组织同学、老师和家长一起参加课外活动，到公园锻炼身体，到郊外去采摘果实等，同学们在和大自然亲密接触的同时，彼此之间也结下深厚的友谊，培养了团队精神，不断发现生活中的快乐。快乐中队为了让大家在课间玩的快乐，召开了“快乐课间怎样做”主题队会，每个小队都展示了他们理想的快乐课间，活动使大家知道了快乐课间要从自己做起，心中有他人，礼貌待他人，安全所有人，课间才能真正快乐起来。

精彩的拔河比赛

快乐中队开展分享快乐的活动。同学们之间互相帮助，共同进步，讲文明懂礼貌，团结友爱，提高班级的凝聚力。队员们乐于帮助班集体以外的人们，在做好人好事的过程中，体验了帮助他人不仅是一种美德，更是一种快乐。2008年9月刚刚开学，快乐中队就组织新老师与同学第一次见面，到京东大溶洞开展快乐旅行，拉近了师与生、教师与家长间的距离。2008年11月，快乐中队开了“团结友爱”小小运动会，家长积极参与，大家一起游戏，队员非常喜欢。

请家长讲电子机器人

快乐是一种精神，快乐是一种氛围，快乐是一种追求，快乐在集体中间！快乐中队永远将快乐进行到底！

我们的旗帜火一样红

红领巾社团

HONG LING JIN SHE TUAN

魅力“飞天”快乐无边

——红领巾飞天剧团

随着“故事大王俱乐部”的不断活跃，社团活动越来越红火。“故事大王”PK中，队员们的创造力被激发出来，他们从讲故事到演故事，从个体走向群体，开创了很多故事表演的新模式。在忙着把自己创作的故事改编成歌舞剧、音乐剧、科普剧的过程中，“红领巾飞天”剧团诞生了。

剧团成立以来，培养了一批批小演员！他们表演的歌舞剧“小鱼的家”在2008年9月参加了北京市首届中小学歌舞剧展演，一举获得一等奖的好成绩，而且还包揽了多项单项奖，比如：最佳编剧、最佳服装设计、最佳灯光设计、最佳导演、最佳音乐创作、最佳舞台设计奖。还被中央教育电视台邀请参加了全国儿童歌舞剧“音乐伙伴”第二季北京赛区的选拔赛呢！在参赛的十几个节目中，获得了一等奖中团体总分第三的好成绩。虽然最后没有机会代表北京参赛，但是大家仍然很自豪。因为我们的节目无论是剧本、还是音乐，都是队员原创、学校老师加工，是纯度百分百的“草根儿”一族。

“小鱼的”家剧组与“音乐伙伴”栏目导演一起合影

回来以后，剧团团长就在校园里张贴了扩招演员的告示。说起团长赵妙言来，那可是个了不起的人物。别看她才四年级，主意可多了，就连原团长林琳都心甘情愿地主动把团长的位子让给她，自己甘当副团长。

她们两个人一起合作，还真把社团搞得有模有样。她们自制聘书，聘请学校大队辅导员、音乐老师、美术老师当剧团顾问。两年前，林琳创作了个反映环保的故事“小鱼的梦”，被团中央《少先队小干部》杂志选中发表了，这一下她可上心了，她想把这个故事改编成童话剧，就主动找大队辅导

员杨老师商量，得到了支持，在老师的指导下，剧本终于写出来了。剧本感动了顾问团，在老师们的支持下，经过一周的海选，招募了不少爱好戏剧的队员参加。那些没有录取的队员还不甘心，央告着团长非要答应他们当旁听生不可。应广大队员的要求，剧团活动的时间设在每周三午间一小时。

在社团活动中，辅导员为队员讲述语言的魅力，生动形象地告诉大家同样的一句话，在朗读时的重音不同、语气不同，意思绝然不同。辅导员边做示范、边启发队员用不同的音色、音量以及语速来塑造不同的人物形象。培训设立了五大板块，比如：语言的魅力、声乐训练、剧本创编、拟音效果、非言语表演(含形体、无实物表演)等。每当剧团活动时，阶梯教室座无虚席，只要你从门外经过，就会听到队员们开心的笑声。

音乐沃睿老师被队员们创作热情所感动，主动为队员创作了主题曲，李严老师带领队员编辑背景音乐。美术周芳老师指导队员绘画大型布景。校电视台成了剧团的“梦幻剧场”，团员们将自己的表演作业展示给全校的队员们，极大地丰富了校园生活。

聆听专家点评

胡锦涛爷爷发表了关于“八荣八耻”的重要论述后，学校少先队组织将社会主义荣辱观教育与常规工作相结合，开展了生动活泼地主题活动，“红领巾飞天”剧团紧紧抓住这一教育时机，发动队员从身边的小事入手找素材，队员们创作了一些以“八荣八耻”为主题的音乐短剧，歌颂真、善、美，抨击假、恶、丑，深深的吸引着队员们。剧团利用家长资源请来了北京电影学院的教授为队员讲述电影拟音效果，使大家大受启发，主动收集大自然的声音，关注身边的有声世界，在英特网上搜索古典音乐，自己动手制作各种拟音效果，并尝试着将各种声效运用到戏剧表演中。

经过重排的歌舞剧“小鱼的家”引起了中国儿童剧院国家一级演员覃琨老师的关注，在观看了演出后，她主动找到老师夸奖节目选材好，剧本好。当得知从剧本到音乐都是师生原创时，她更加欣喜，主动点评并提出了许多改进意见，在她的指导下节目又上了新台阶，剧本获得了全国儿童歌舞剧二等奖。

现在剧团的规模越来越大，海淀区教委领导听说我们取得的成绩，特

意到我校看望队员们，还嘱托校长一定要扶持好这个社团。校长也表示从小小的社团中得到了启示，看到了剧团的影响力，找到了学校发展特色的生长点。团员们听到这个消息都高兴得跳起来！没想到，草根剧团竟然开辟了学校发展特色教育的新途径！现在队员们更加自信，真心希望有一天我们的“红领巾飞天”剧团能飞出学校，走向世界！

我们获奖啦！

现在，固定的团员就有57人。剧团每周坚持活动。又编排了新的校园剧“新编小红帽”、“小燕子学飞行”、“七色花”、“可可的故事”、“阳光行动”、“选队长”等。这些剧本有的是队员自己创作，有的根据童话改编，还有选自徐刚爷爷创作的少先队文艺作品集，在校长的支持下，这些剧本有望成为北航附小的校本教材呢！

从戏剧活动中，队员们更加懂得了“真、善、美”的真谛，队员们以戏剧的形式讲述着自己成长的故事，丰富着少先队文化，从排练中学会了协作，从角色体验中提高了觉悟。少先队运用这一综合艺术形式将枯燥的说教转换成队员们易于接受的教育模式。同时，剧本贴近队员的实际生活。有较强的针对性。这样的社团活动在丰富队员课余生活的同时，对队员的审美情趣、艺术表现、语言表达、外在形象、内在素质进行了全方位的训练，对促进和引导队员形成健康的心理趋向取得了显著的效果，深受队员的喜爱。

《小鱼的家》剧本

创作：北京航空航天大学附属小学

指导：杨璇、沃睿、李严、周芳、井志伟

编剧：杨璇

音乐：沃睿、李严

舞蹈：井志伟

舞美：周芳

时间：当代

地点：河湾中

小演员表演主题曲“我想有个家”

人物：小鱼清清、亮亮哥哥、姐姐、妈妈、奶奶

（音乐：吐泡泡）

[旁白] 河湾里有一群活泼可爱的小鱼，它们在那里快乐的生活。

（兄妹三个嬉戏着出场）

[清清、姐姐] 歌曲《快乐小鲤鱼》：

[清清] 我是快乐的小清清小清清，

[姐姐] 游到哪里欢乐多欢乐多，

[合] 无忧无虑无忧无虑，每天唱着欢乐的歌。

（边唱边围着哥哥跳舞）

[哥哥]（得意地）你们不行，看我的！

游游游，划划划，身体矫健又勇敢，不怕风浪勇向前，乘风破浪勇向前，乘风破浪勇向前。

（姐妹俩边听哥哥唱，边给他捣乱，三个人相互打闹着向奶奶那边游去，撞到奶奶）

小鱼们对美好家园的憧景

[奶奶]（绣花绷子被撞到地上）哎呦！这是谁呀？没头没脑的！

[亮、清、姐]（不好意思的）奶奶。

[奶奶]（笑）这帮小淘气。

[清清]（帮奶奶捡起绷子，递给奶奶）奶奶，这是什么呀？

[奶奶]（接过绷子，慈爱的看着孩子们）嗨，这不你的小弟弟、小妹妹们就要出生了，到时候，（看看绷子）我得把这些作为礼物送给他们。

[亮、清、姐]（姐姐接过绷子，清清凑过来看，充满羡慕的表情）真美呀！

（哥哥一把抢过去就跑，妹妹们追）

[奶奶]（笑着招呼）快别闹了！（亮亮把绷子还给奶奶，奶奶拿回绷子）这些天，河水浑浊得都快成疙瘩汤了，我这眼睛呀也越来越看不清了，真怕在他们出生前绣不完呀！

[姐姐] 您别着急，这不就快绣完了吗？

[奶奶] 好，不急。（笑着欣赏着）饿了吧，我去给你们做饭去啊？

[亮亮] 那咱们出去玩一会儿吧。

（舞蹈：三个人有说有笑，蹦着跳着下）

（背景音乐）

[清清] 嗯！这是什么味呀！

（三人有的咳嗽、有的要吐、有的跌跌撞撞）

[旁白] 只见前面不远的地方隐隐有一道黑色的水流正向四处蔓延。

（效果：舞台上放烟雾）

[亮亮] （舞蹈：双手交替伸出保护妹妹们）你们待在这儿别动，我去看看出了什么事儿！

[旁白] 亮亮说完勇敢地钻进浓浓的黑水中。

（舞蹈：姐妹俩十分焦急的寻找亮亮，同时亮亮在黑水中挣扎）

（灯光闪）

[亮亮] 别过来，危险！

（舞蹈：身体翻滚着被黑水冲走）

[清清] 哥哥！

[姐姐] 亮亮！快回来！

[清清] （喃喃的）哥哥……哥哥……

[姐姐] （焦急的）咱们赶快回家，把这件事告诉妈妈吧。

听到哥哥被黑水冲走后，奶奶伤心地说……

（背景音乐）

[清清、姐姐] 妈妈，妈妈——

[妈妈] （和奶奶笑着迎出来）回来了。

[清清、姐姐] （语无伦次的）妈妈，亮亮，亮亮他，他被黑水冲走了！

[妈妈] （先是一愣，接着昏倒了，奶奶赶快扶着。半天才缓过劲儿来，只是轻声地说了一声）我就知道那个化工厂一开就不妙，没想到，这一天来得这么快！

[奶奶] （听到噩耗，老泪纵横，捶胸顿足地说）可恶的化工厂，还我孙儿的性命来！……我活了大半辈子，从没见过像这些天这么脏的水。不行，我要找他们算账去！（杵着拐杖往外走，大家拦住）

（背景音乐）

[妈妈] （一把拽住奶奶）妈，找谁说理呢？这都是那些“人”干的啊，人类呀！你们口口声声说要和我们做朋友，——撒谎！是你们亲手毁了我们的家！难道有这么对待朋友的吗？！

[姐姐] (万分焦急的) 妈妈，黑水冲过来了，怎么办哪?

[妈妈] (对奶奶说) 妈，看来，这个地方不能再待下去了，我们还是赶快搬家吧!

[清清] (一下坐在地上任性的说) 不! 我不走，我要等爸爸回来一起走，要不他找不到我们会着急的!

[妈妈] (蹲下来抚摸着清清的头) 傻孩子，别等了，你爸爸从来没在天黑后回过家，可是这一次出去三天都没消息，估计也是凶多吉少，走吧! 否则就来不及了!

(一家人，互相照顾、互相搀扶着游走)

[旁白] 就这样，清清一家开始了仓促的大迁移。她们游啊游啊! 突然，清清妈妈觉得自己的肚子疼痛难忍。

[妈妈] (惊喜的) 妈妈(手摸着自己的肚子)，可能是——小宝宝——要出生了。

(背景音乐)

[奶奶] 真的! 太好了，(面向观众作揖，掩饰不住的兴奋) 谢天谢地，我又有孙子孙女喽! 来来来，快到这边来找个水势平缓的地方。

(带妈妈走到舞台的一侧)

[奶奶] 小宝宝出生喽! 我的孙子、孙女出生喽!

(舞台上喷出泡泡。舞台灯光略暗，一束追光给妈妈，另一束追光给拉拉队小鱼，拉拉队员们跳起小鱼出生的舞蹈)

[清清] (高兴地拍手直叫，原地打转)太好了，太好了! 我又有弟弟妹妹了!

[姐姐] (兴奋地)你看他们多可爱呀，就像是玻璃做的!

[清清、姐姐] (跟音乐唱)1个、2个、3个、4个、5个、6个……

(小鱼狂欢舞)

[姐姐] 奶奶，我们小时候也是这个样子吗?

[奶奶] 和你小时候一模一样!

(舞台灯光渐强直到恢复大亮)

(背景音乐)

[妈妈] (对新出生的鱼宝宝喃喃的说)真是对不起，现在把你们生下来，让你们受苦啦! 来吧，孩子们，我们必须在天黑前游出这片水域，否则黑水还会蔓延过来。

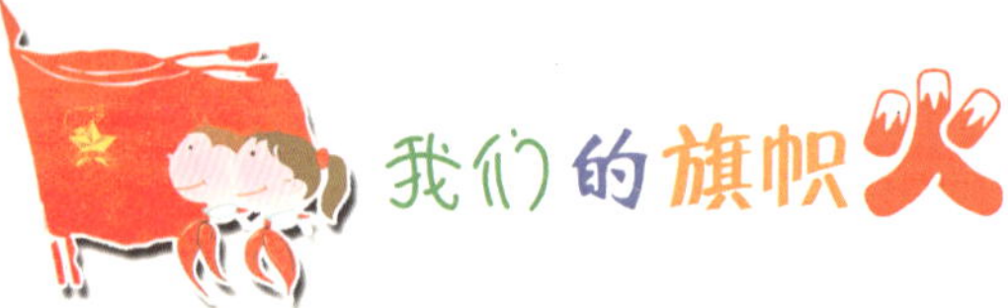

[旁白] 就这样，清清一家还没来得及庆祝，就又匆匆上路了……正在这时妈妈忽然觉得头顶上有个东西往下沉（灯光闪烁），马上下意识地大声喊道——

[妈妈] 不好，有渔网！

（背景音乐）

[旁白] 听到喊声，大家各自游开，敏捷的躲过渔网，可是刚出生的鱼宝宝没有一个幸免，全部落入网中。奶奶、妈妈、清清、姐姐一边随着网向上游一边教鱼宝宝往外钻。

[奶奶] 好孩子，憋住气，把身子缩小，向下游，用力！

（舞台灯光继续闪动）

[旁白] 鱼宝宝在奶奶的指挥下拼命挣扎着。

（双手挣扎着向上伸，身体上下起伏，大口换气）

[妈妈] 不行，渔网太密，我得帮帮他们！

[旁白] 妈妈不顾一切，用尽全身的力气撕咬着渔网(演员用手拉并被托到后幕)。任凭妈妈奋力撕咬，可是渔网丝毫无损，眼看着被拉出水面，妈妈还是不肯放弃，就这样也被提了上去。

[清清、姐姐] 妈妈！(姐妹俩叫喊着要去救妈妈，被奶奶拦下)

（舞台灯光渐暗）

（背景音乐）

[奶奶] 清清妈，快放手！

[奶奶] （向观众，痛骂)人类呀！你们这是要干什么？难道真的要让我这个老太婆断子绝孙吗？我——我——我恨你们！恨你们！

奶奶悲痛欲绝控诉人类的罪行

（全场灯光瞬间熄灭，三秒后全场灯亮）

[台上全体演员] 齐唱歌曲《美好生活》。

（其他演员随音乐慢慢上场摆造型）

[全体] （充满憧憬的）我想有个家，一个美丽的家，河水清清，快乐玩耍。

（泡泡机营造气氛，灯光渐暗。）

（闭幕）

童眼看世界 世界真奇妙

——红领巾亮眼睛小摄影家协会

红领巾“亮眼睛”小摄影家协会在改革开放的大潮中诞生，在少先队组织的怀抱中发展，大家用手中的相机记录下祖国发展我成长的足迹，感受党和人民对自己的热切期望。

亮眼睛小摄影家协会在行动

小摄影家们用手中的相机再现自己的快乐生活，记录着家乡的发展变化，聚焦队员们的热点话题，反映发生在自己身边的小事大情，童眼看世界，歌颂真善美，抨击假恶丑。

“亮眼睛”小摄影家协会每周活动一次(除外出采风)，除按计划进行摄影知识讲座外，还先后聘请《北京少年报》一线记者，中国摄影家协会会员为大家做摄影讲座；发挥家长联席会的作用，利用节假日以摄影沙龙的形式组织开展摄影活动，共同切磋摄影技能，对摄影作品进行评选，评选出的摄影家评为当月的“首席”摄影师，奖励的办法很特别，入选者佩戴特制的摄影师证，可以在当月学校的升旗式上、学校大型集会上作为校报特约摄影记者进行拍摄。此外，会员们关注热点问题，拍摄了“快乐课间我做主”、“奥运旋律”、“我们的祖国是花园”、“只要妈妈露笑脸”、“文明一瞬”、“魅力家乡”等大量主题照片。

小摄影师们在学校的大型活动中拍摄

会员们积极参加各项比赛，并多次获奖，其中五(2)中队吕恩龙的摄影作品获海淀区青少年活动中心举办的中小学生摄影比赛一等奖；六(3)中队杨宇辰和高扬明俊拍摄的海淀区“讲故事长知识知荣辱学做人”活动启动仪式的照片在团中央《少先队小干部》杂志发表。

美术老师指导队员拍摄草原日出

在纪念改革开放30周年和少先队组织恢复30周年的时候，小摄影师采访身边的“名人”，走访了北航的钟群鹏院士，听他讲述中国航天事业的昨天、今天和明天。采访长三甲总设计师姜杰阿姨，从她亲身经历的故事中感受到什么是真正的“航天精神”。会员们和爸爸、妈妈比童年，听他们讲述祖国的变化，同时用镜头记录今天的幸福生活。学校举办了“我和长辈比童年”主题摄影展，队员们通过一幅幅摄影作品，今昔对比，切实感受到祖国在腾飞、民族在振兴。

2008年10月12日，亮眼睛小摄影师和“航天中队”的队员代表北京少先队员，在航天城参加活动并与“神舟七号”总设计师合影留念。前不久，会员又采访了著名“航天”摄影师王琦先生，他的系列摄影作品“见证神舟”令小摄影家们羡慕不已。

亮眼睛小记者在“我和长辈比童年”活动中采访北航钟群鹏院士

小摄影家们说：“我们要用亮眼睛发现美、再现美、塑造美、感受美。用摄影作品歌颂真、善、美！我们的口号是童眼看世界，世界真奇妙！”

我们的旗帜火一样红

志愿辅导员

ZHI YUAN FU DAO YUAN

让星星火炬的旗帜高高飘扬

北京航空航天大学机械学院大学生党支部

胡锦涛总书记指出：少先队事业的蓬勃发展是党的事业始终保持生机和活力的重要源泉；少年儿童的健康成长是国家和民族永远兴旺发达的希望所在。

今天的少先队员将是祖国未来航空航天事业的接班人。机械学院党支部发扬革命传统，满腔热情支持少先队工作，自2006年起一直坚持向北航附小派出志愿辅导员。全体志愿辅导员本着“全心全意辅导”的宗旨，以“高要求，细准备，有水平，有魅力”为理念，积极开展活动，受到队员们的欢迎。

北航附小进行聘请机械学院大学生担任辅导员大会

2007年11月份，我们通过与附小老师联系、沟通，从2005级同学手中接过“接力棒”开展工作。报名工作在五天内基本完成，同学们积极性很高，有70多人报名，远远超过原定计划的48人，于是临时决定改变计划，附小每个班级志愿辅导员由两人增至三人。之后又不断有同学表示愿意加入，但由于名额有限，没能得到机会！

在正式上岗之前，党支部又对新辅导员进行了培训，使他们了解自己的工作性质、明确自己的责任。11月16日党支部为2006级同学担任志愿辅导员举行了聘任仪式。附小校长王群和机械学院党总支副书记雷晓锋发表讲话，志愿辅导员代表张军同学发言，最后由中队代表为辅导员佩戴红领巾并把他

们领到各中队与队员们第一次见面。

辅导工作开始之后，党支部提出了相应要求：每次辅导前上交电子版教案，课后自愿上交课件，供大家交流。大家为队员们辅导天文地理、风俗人文、历史古迹、奥运等各方面的知识。根据小学生特点，大家准备了精彩的课件和吸引人的视频资料，极大地提高了队员们的兴趣。仅第一学期大家就下校六次左右。

机械学院大学生为北航附小学生讲解奥运知识

去年三月份开学后，党支部又提出了几点要求，特别是关于辅导内容，希望大家以爱国主义教育为主旋律，为队员们多教授一些奥运知识。辅导员们不负重望，根据各自特点，进行了不同方面奥运知识的普及，得到了不同程度的收获，大家纷纷表示，现在的队员教起来不容易，但非常喜欢和他们在一起。

每年的“五一”前夕，北航附小四年级的同学们都会捐赠很多学习用品、图书等物品，由志愿辅导员带到河北涞源地区，带给那里的孩子们，并由大学生们在那里为小学生们上课，与那里的孩子们共同学习、生活七天。回来后，志愿辅导员们向北航附小的全校同学作汇报，让大家感受自己的一份爱传递到了那么一个偏远的小村，传递给了自己的同龄人。一位少先队员说：我们非常高兴能为涞源地区的小朋友们捐助学习用品，为自己能用一点微薄的力量，换来涞源地区小朋友更好的学习条件而感到自豪。

北航附小四年级学生向涞源地区小学生赠送图书及学习用品

虽然我们的学习条件比你们优越一些，但是，每个人心里都清楚地知道，大家生活在同一片蓝天下，就应该互相帮助，共同进步。我们每个中队都有两名大学生做志愿辅导员，我们请他们做代表，到涞源地区去问候那里的小朋友，祝他们学习进步，身体健康！队员们的话感动了志愿辅导员，也使他们更

加认清自己工作的重要。

在附小的工作中志愿辅导员们经受住了实践的考验，圆满地完成了任务，得到了附小老师和队员们的认可，同时大家也在工作中得到了锻炼，积累了经验。大学生辅导员的介入，使学校的少先队工作充满了活力。例如，2006年，他们带同学们进入北航大学校园，与大学生一同举行升旗仪式，参观北航图书馆等；2006年到2008年开展了不同层次的奥林匹克教育，使同学们的奥林匹克知识不断丰富，对奥林匹克精神了解得更为深刻，圆满地完成了观赛任务。在辅导的过程中，志愿辅导员不光在给队员们教授知识、传授技能，自己也在孩子们那里得到了许多课本上得不到的东西。从队员们的眼神中，辅导员读懂了渴望，从队员们的笑声中，感受到了幸福，从队员们灿烂的笑脸中，看到了满意。每每回忆起队员们那么多的欢乐，是七十名志愿辅导员带去的，就感到一种崇高的责任！机械学院的每一个人都会努力把这支“接力棒”传递下去，让星星火炬的旗帜永远飘扬。

机械学院大学生到附小给学生讲解航模知识

（2009年4月）

队员心声

学校为我们每个中队都聘请了志愿辅导员，他们给我们带来了许多课堂上学不到的知识，让我们视野更宽广。我非常喜欢这些辅导员，他们来到我们班上，好像来了新老师，又好像来了大朋友。给我印象最深的是手工辅导课，教我们做纸星星。那次，来了三个辅导员，他们先做示范，然后每个人负责两个组，一个一个的亲手教，还让我们会做的教不会做的，很快我们全都学会了做纸星星，辅导员让我们一起举起自己做的纸星星，问我们像不像天上的星星，我们齐声回答：“像”，大家全都高兴地笑起来。真希望辅导员经常来，让我们学到更多的课外知识。

——三（2）班孟佳晖

我印象最深的是三年级时的志愿辅导员——彭老师，她长着一张瓜子脸，卷头发，喜欢穿高跟鞋、短裙，走起路来很自信的样子，浑身散发着活力。

我很喜欢她讲课的形式。有时，她制作许多关于奥运知识的幻灯片，用幽默风趣的语言讲解，逗得我们哈哈大笑，不仅让我们学习了奥运知识，还让我们有了对问题探究到底的兴趣；有时，她放一些搞笑的动画片，让我们全身放松，和我们说说笑笑，就像邻居家的大姐姐，在说笑间，又告诉我们自我防护的知识，开阔了我们的眼界；还有时，她会设计一些小问题考我们，如果答对了，还发给我们糖果作为奖品，算是对我们的鼓励。

——四（4）班陈思睿

每一次志愿辅导员来给我们上课，我们都兴奋得不得了！

辅导员第一次给我们讲了天文方面的知识，知道了天文后我们想了解地理，第二次辅导员给我们讲了神秘莫测的“麦田圈”。奥运来临之时，辅导员又讲了有关奥运的知识。反正辅导员就像知道我们心思似的，我们想了解什么就给我们讲什么。

“麦田圈”的故事，我们听得很入迷。辅导员告诉我们，一位英国人在1983年首次发现麦田圈，在麦田圈的麦田周围没有任何足迹，圈内麦秆因弯曲而倒下，并未折断，可以断定不是用脚压出的。自从20世纪90年代迄今，几乎每年都有麦田圈出现。尤其是1990年，英国几乎每周都有麦田圈出现，最高时一周出现75个。

麦田圈图形绘制精确，无论图形多么复杂、工程多么浩大，它们都是一夜造就，并且，形成过程无人目击。怪圈大多出现在麦田中，“麦田圈”因此得名。有的科学家指出，有的麦田圈其实是人类的“杰作”，但是，也有科学家提出，没有人可以在一夜间制作那么精确的图案。至今，这还是个谜。所以，从现在起，我们要好好学习知识，长大后，利用科学知识揭开这个谜底。

——五（4）班朱宁慧

我们学校每年都聘请大学生来做我们的志愿辅导员，当这些大哥哥大姐姐笑盈盈地走进教室时，大家都会欢呼雀跃。

男孩子喜欢各式各样的飞机。大家下课时聊天，没说几句话就谈到了飞机。从莱特兄弟的第一架飞机到现在的无人机；从美国的飞机到中国自行研制的飞机；从民用客机到歼击机，大家都对它们了如指掌。所以每次航天课前大家总是老早就盼望着老师让我们做航模。校外辅导员知道了这件事，于是，他们决定给我们上一节航天课，开阔开阔我们的眼界。

两位辅导员大哥哥带着他们亲手做的课件，来为我们讲解有关航天的知识。只见大哥哥熟练地操作着电脑，开始讲解："同学们，我们中华民族自古以来就是一个勤奋的民族。我们民族很早就发明了指南针、活字印刷、造纸术和火药。我国也在航天领域创下了一个个奇迹，今天，就让我们来为大家介绍有关航天的知识。"我们每个人全神贯注地看着大屏幕，他们将航天知识深入浅出地娓娓道来，还时不时提些问题，把我们的积极性全都调动起来。我们积极地举手发言，踊跃地回答问题，全班沸腾了。不知不觉40分钟就过去了。辅导员大哥哥激励我们好好学习，争取为祖国的航天事业做出贡献。

——六（2）班王琦萱

"耶！""不会吧！"随着男女生的"冰火二重奏"，一堂由两位大学生辅导员主讲的有关枪支的课在我们班开始了。一看是讲关于枪的，我的兴趣就降了一大半。不说眼花缭乱的结构，不说五花八门的类型，单说多种多样的型号，我就连两个都说不出！于是，我不顾老师的"军令状"，埋头写起作业。

突然，不知怎么了，教室里的气氛一下子火爆起来。"AK47，M16，M40A3，SA-80，M458，M44，M1917A1，AUG"这些令我头晕眼花的词语从男生们的口中滔滔不绝地说出。我不由自主地抬头看了一下屏幕，被屏幕上的图片所吸引。"这个是中国的95式突击步枪，它是无托结构的 5.8mm 自动步枪，可以单发射击或者是单连发射击。它大概有11个部分，像导气装置、护盖、枪机、复进簧、击发机构等。95式步枪全长是746mm，枪管长

463mm，重量是3.25kg，它的直射距离大约是370m，有效射程是400m。它配用的子弹是 DBP87普通弹。”老师介绍着。我把目光转到枪支图片上，没想到这些形状各异的枪支有着这么大的学问，有意思！

接下来还有更神的。

老师在讲M21狙击步枪时告诉我们了一个测量自己和一个物体之间大概的距离的方法：伸出右手大拇指，然后闭上左眼，将右手大拇指的一侧对准要测量的物体，再闭上右眼，睁开左眼，记住此时大拇指一侧的位置，再估算出两次测量位置之间的距离，最后乘以十，就知道自己与目标之间的大概距离了。原理很简单，是因为人手臂的长度大约是瞳孔距离的10倍。而这种测量距离的方法叫作“跳眼法测距”。这种方法所需的时间短，但不是很准确。如果不是训练有素的狙击手，那算出的结果误差可能会很大。

战斗中的枪支，学问如此高深；短短的枪支课，激起了我无限的乐趣！

——六（3）班吴鹤仪

北航机械学院少先队志愿辅导员

2005级北航机械学院志愿辅导员（48人）

王冲　彭潞　张浩　方英　刘长生　刘璨　陈锐
武园浩　李智渊　唐荣辉　曹勇　王宁　张猛　朱江
邓捷　毕尤一　刘华欣　赵军鹏　段春　韩政达　李鹏程
张东辉　李祁　关亚兰　郭孟　邵建　魏鑫鹏　李广辉
雷沛　拜克　胡佩伟　羊翔　甘佳　刘帅　范锐
邓如厅　陈浩　马刚鑫　陈懿养　宋洋　袁超　张文斌
王鑫　程旭　胡愈刚　何彦龙　姜伟　胡浩

2006级北航机械学院志愿辅导员（72人）

吴珍珍　王晓亮　陈仕俊　张澍楠　钱志钢　王晨静　裴奥琳
宋宸宇　李素愔　李宁王　雁滨　李洋洋　翟雨农　刘小满
谢曼菲　王丹　郁小强　李明博　鬲玲　刘志军　宗宜
杨文卓　刘婵媛　伊成强　周玄　付强强　刘志军　彭银心
原英虎　田棱锐　王一然　雷震　王辉　刘方波　李伟男
岳帅　王增华　熊志斌　杜鹏飞　金安迪　付星星　李海雷
张佐江　锁魏　黄龙浩　周海晶　宋楠　于晟　彭赛金
廖晶堂　齐天翔　王鹏　海舟　王文　张兴振　汪西
苏勇　孙哲　朱博厅　刘航航　孙宝青　罗毅　蔡云
吴君恺　余彦武　陈定春　张军　杨兴帮　刘浪　刘维忠
郭振华　王萍

2007级北航机械学院志愿辅导员（57人）

赵宇辉　徐琳　田浪　秦青山　马志　贾国良　李贺
隋嚣　戴维宗　张斌　文龙　肖遥　钱昌年　王莹
侯笑梅　范程程　刘湃　王頔　王琳　王建珅　刘维惠
裴丽颖　关煜杰　刘旸　郑宇　孙青欣　杨钊　刘贝
陶婵偲　税晓菊　孙明虎　左晓军　曾令迪　刘洋　付圣
杨学蕊　徐玮达　刘亚醉　丁洪利　梁晓震　谭蒙　邓文星
贾明静　李桢　魏念　陈鹏　顾焱　刘时林　许世杰
迟星德　杨林林　徐祖国　鲍磊　官权　谢强　赵平
刘娟

北航附小

我们的旗帜火一样红

专家点评

ZHUAN JIA DIAN PING

让小主人们行动起来

中国少先队工作学会理事　徐　刚

北航附小的少先队工作很有特色，其中一个显著的标志是中队主题队会较为活跃，有规范性的要求，有制度性的保证，有“春华杯”的激励机制，有辅导员的创新精神，更主要的是调动了少先队员的积极性，焕发了他们的小主人精神，队会成了队员们展示自己勤奋学习、快乐生活、全面发展、健康成长的大舞台。

很长一段时间以来，少先队工作在一些学校被边缘化了，少先队教育被成人化了，少先队队会被表演化了。实际上，是学校少年儿童思想道德教育被弱化了。进一步加强和改进未成年人思想道德建设，是党中央从推进新世纪新阶段党和国家事业发展、实现党和国家长治久安出发作出的一项重大决策，对于确保我国在激烈的国际竞争中始终立于不败之地，确保实现全面建设小康社会、进而实现现代化的宏伟目标，确保中国特色社会主义事业兴旺发达、后继有人，确保实现中华民族的伟大复兴，具有重大而深远的战略意义。胡锦涛总书记指出：少先队事业的蓬勃发展是党的事业始终保持生机和活力的重要源泉；少年儿童的健康成长是国家和民族永远兴旺发达的希望所在。

在坚持教育创新、深化教育改革的伟大进程中，北航附小的领导班子高举邓小平理论和“三个代表”重要思想的伟大旗帜，坚持科学发展观，针对我国社会进步和经济发展的重大变化，抓住当代少年儿童思想道德建设的新特点和少先队教育遇到的新课题，求真务实，学习创新，牢牢抓住中队辅导员队伍建设，培训先行，转变观念，通过常规的要求和“春华杯”的激励，夯实基础，促进提高，开创了学校少先队工作的新局面。

在北航附小灿如花海的主题中队会中，有几朵小花格外芬芳。例如二(1)中队召开的“可爱的集体我们的家”，队会主题形象贴切，有助于儿童对集体的理解，而且准备充分、动员广泛。集体主义教育是爱国主义教育的基础，也是少先队组织教育的核心，更是学校德育教育的重心所在，因此，运用主题队会的形式进行集体主义教育，对于二年级的少先队员来说非常重要。

受教育者要学会人与人的和谐共处，而和谐共处需要健康的人际关系。当今的少年儿童绝大多数是独生子女，他们比较任性，容易以自我为中心，这就造成他们在个人成长过程中人际关系的不稳定性。人际关系指的是人们在社会生活中，通过物质交往和精神交往而发生、发展和建立起来的人与人之间的关系。按照社会角色划分，人际关系分为家庭关系、工作关系、社会关系等几大类。这些关系的处理对个人成长有十分重要的意义。

辅导员武李立老师正是把握了少年儿童身心发展的规律，在队会的筹备以及进行中体现了集体才能充分调动个人的积极性，少先队教育活动应该重视队员的人际交往，让少年儿童从小建立良好的人际关系。通过一项项具体的实践活动让队员体验到合作的快乐，感受到成功的喜悦，使队员认识到集体的智慧大于个人的力量，从而促进个人在群体活动中相互促进，共同进步。

集体主义是社会主义道德教育的核心和基本原则，是学校德育教育的重要内容。少先队的集体主义教育以社会主义道德为基础，以少年儿童的全面发展为目标，围绕着“人民利益高于一切”和“团结就是力量”进行，引导少年儿童懂得集体利益与个人利益相一致。要自觉维护集体利益，热爱集体、关心集体，努力为集体服务。当集体利益与个人利益发生矛盾时个人利益服从集体利益，在集体中养成助人为乐、为公光荣的高尚情操和文明、礼貌、友爱、守纪、爱护公物、民主、团结的优良品质，同时坚持健康个性发展，生动活泼地健康成长。正是：集体是我家，人人爱惜她，为她添光彩，快乐你我他！

三（3）中队的“快乐福娃‘棋迎’奥运”队会主题巧借谐音，构思新颖。准备充分具体，结合了社会热点，全体参与，形式活泼，体现了主体探究、关注社会、合作体验、创新发展。

创新就像种子，需要一定的环境，包括适宜的土壤、气候、科学的灌

溉、施肥和培养，才能发芽、生根、开花、结果。少先队就是要去创设这样的环境，一种有利于引导少年儿童自主学习，适合培养少年儿童创新能力的环境。辅导员张红梅老师对北京奥运会的理解是深刻的。北京迎奥运有一个口号：我参与我奉献我快乐；两个提升：提升市民文明素质，提升城市文明程度；三个重要：抓住奥运会倒计时500天、300天等重要时机，“好运北京”系列赛事等重要赛事，全民健身节、社区文化节等重要活动；四个优：倡导优雅言行，建立优良秩序，培育优质服务，建设优美环境；五个行动：优雅言行——迎奥运礼仪文明行动，爱护市容——迎奥运环境文明行动，排队礼让——迎奥运秩序文明行动，热情懂行——迎奥运赛场文明行动，诚信优质——迎奥运服务文明行动。所有的人都行动起来了，少先队组织也发动少先队员开展了富有奥运特征、时代特色、地方特点的主题活动，小手拉动大手，让微笑走进课堂、走进学校、走进社区、走进家庭，带动社会各界积极参与和谐校园、和谐社区、和谐家庭、和谐社会建设，用“迎奥运、讲文明、树新风”的实际行动为奥运做着力所能及的奉献。队会导入自然、问答自然、主持自然、状态自然，“棋”的系列设计有所创新，友谊棋、环保棋、福娃棋、文明棋、旅游棋、美食棋，以福娃为向导，环环相扣，形成一盘棋，顺着一条线，深化一个主题。正是：奥运一盘棋，教育是主体，文体来搭台，特色是童趣！

四（2）中队的“愿快乐与你同行”主题构思巧妙，准备充分，礼仪规范。春天，鸟语花香，微风拂面；夏天，百花开放，蝴蝶飞舞；秋天，天高云淡，红叶似火；冬天，银装素裹，白雪皑皑……大自然的无限美好，给我们的生活增添了无穷的快乐。可大家都知道，春天也有狂风扬沙，夏天也有酷热难当；秋天也有冷雨冰霜；冬天更有寒风凛冽。生活中总会有一些不如人意的地方，没有艰难和曲折，就没有成功的喜悦；没有苦恼和烦闷，怎能体会快乐的心情？当学习遇到困难，当生活遭受挫折，我们都不要沮丧，不要气馁，要学会坚强而乐观地面对它，打败它，快乐就会来到你的身边。我想，这应该就是辅导员崔亚杰老师赋予这个主题队会的精神内涵。

1998年7月21日，在纽约市举办的友好运动会上，我国体操运动员桑兰不幸因脊髓严重挫伤而瘫痪。这突然发生的一切，改变了她的一生。桑兰比我们任何人都深刻体会到了从巅峰跌落到谷底的人生磨难的感受，体操冠军的梦破灭了，留给她的是身体上的残疾和心灵上的创伤。受伤前，桑兰在中国

体操队享有“跳马冠军”的美誉，是一颗冉冉升起的新星，但是现在却完全改变了。可桑兰却毅然接受了命运的挑战，努力使自己成为一名微笑的“阳光女孩”。现在的桑兰依然在坚持着康复训练，始终没有懈怠过，这种绝不放弃的精神成为她最可贵的人格魅力。她说：“乐观的心态是支持我的源泉，我坚信自己总有一天会站起来，我会为此一直努力！”她是这样说的，也是这样做的。现在的她，在星空卫视主持“桑兰2008”体育节目，做申奥形象大使、残奥形象大使，并且还做了一名光荣的奥运圣火的传递者，快乐地做着每一件事情。

快乐人人渴求，但得到快乐需要付出代价。生活中总有或多或少、或大或小的困难在等着我们。只要我们像桑兰一样微笑地面对困难，保持良好的心态，拿得起放得下，就能和快乐拥抱，与快乐同行。快乐学习就是勇于攀登，因为无限风光在险峰；快乐生活就是不怕艰苦，因为艰苦可以砥砺自己的意志；快乐成长就是胸怀祖国，放眼世界，时刻准备着。快乐就是进步、是向上，是奉献、是奋斗，让大家一起去寻找快乐，做一个对祖国、对人民有用的人！因此，对快乐的揭示要逐步深入。从这个意义上说，仅仅一个队会是满足不了队员们对快乐的探究需求的，要通过长期的细致的教育加以引导，正是：生活要快乐，心态最重要。学习不满足，成长靠创造。

五（3）中队的“福娃在行动”是“我长大了 我懂事了”奥运主题系列中队活动之三。辅导员夏梁宏老师是深谙少先队教育三昧的，她在少先队工作中坚持教育成系统、活动成系列，取得了很好的效果。

这个队会主题体现了辅导员的教育艺术和教育功力。借助福娃进行素质教育，贵在一个“巧”上；坚持主题教育的不断深化，难在一个“恒”上。结合实际做调研，符合年龄特征，环保小队、读书小队、科技小队、奥运小队……组织氛围好，集体意识强。队会动员广泛，准备充分，全体参与，形式活泼。

少年儿童接受新事物的能力是成人所不及的，当新理念传递给他们后，要让队员通过对事物的了解、分析、研究，科学地、积极地做出应对措施，从而履行队员的义务和责任。少年儿童的可塑性、创造性都极强，他们想不断尝试新鲜事物，放飞梦想，要为他们开放的思维、驰骋的想象力打造一个平台，开启一个空间，培养他们的社会责任感，激发他们的创造热情，让他们坚持从小事做起、从点滴做起、从我做起，在有目标的行动中勤奋学习、

快乐生活、全面发展、天天向上。

队员们在队会中整体都放得开，这很不容易。正是：奥运做福娃，人小志气大。文明树新风，行动人人夸。

六（2）中队的“我的未来不是梦”，辅导员郭育新老师抓住年级特点进行理想教育，主题符合成长需求、形式活泼、准备充分。六年级是一个对未来充满幻想，看什么都很简单，觉得将来干什么都可能成功的年龄阶段，理想教育格外重要。队员们生活在和平安宁的环境中，唱KTV、玩电子游戏、吃麦当劳、比萨饼……容易感到很平常，甚至感到很不知足。因此，对如何战胜各种困难，树立为祖国和人民贡献力量的远大志向，承担起建设祖国现代化的历史重任，肩负起实现中华民族伟大复兴的神圣使命缺乏形象的认识。要教育他们从小事做起，严格要求自己，爱集体、讲团结、守纪律、爱学习，一步一个脚印地前行，努力成长为有理想、有道德、有文化、有纪律的社会主义建设者和接班人，是一项长期而艰难的育人工程，需要接力赛式的进行。

队会有铺垫有展开，实而不虚。正是：珍惜金色童年，扬起理想风帆，立志振兴中华，书写人生诗篇。

作为一家之言，我对上述队会的把握和评价不一定准确，况且还有更多精彩的队会没有谈到，所以只能用来作参考。我真挚地希望大家在观摩中思考，在交流中提高，特别要注意队会主题的与时俱进与内容的求真务实，要让队员通过队会有收获、有行动。要培养辅导员“导”而不“包”的教育艺术，注重在队会中发挥队员的主体作用，让大家真正动起来。队会形式要创新，礼仪要规范，细节不忽视，硬件要保障。

小主人们真正行动起来了，我们星星火炬的旗帜才能永远火红！

后记

为了充分反映学校以科学发展观为统领，深入贯彻《中共中央国务院关于进一步加强和改进未成年人思想道德建设的若干意见》的基本实践，全面落实《少先队辅导员纲要》的工作成果，切实加强中队集体建设，提升辅导员队伍素质，开创学校德育工作的新局面，我们编辑出版了这本少先队教育文集。

少先队主题活动是少先队教育的重要形式，主题队会是教育活动的亮点工程，在少先队教育中具有承上启下、拓展深化的作用。我校在改革开放的大背景下，尤其是在迎奥运、讲文明、树新风活动中，开展了许多生动活泼的主题教育活动，并在两届"春华杯"主题中队会观摩竞赛的基础上，涌现了一批主题突出、内容丰富、形式活泼、意义深刻的主题中队会，有力地推动了学校德育工作的开展，活跃了少先队的组织生活，提升了教师队伍特别是班主任（中队辅导员）队伍的整体水平，为少年儿童提供了自主、创新的活动平台。

这本教育文集认真总结了我校少先队工作的成功经验，从队的主题活动、社团建设、中队和志愿辅导员队伍建设等各个方面收集案例，特别是深入总结辅导员们在队会策划、指导过程中的教育理念、工作方法、辅导艺术以及队员们对队的活动的实际感受，并将这些整理成文，形成了学校德育工作的科研成果。在纪念中国改革开放30周年、中华人民共和国成立60周年、中国少年先锋队建队60周年的时候出版，对于坚持教育创新、深化教育改革，对于推进学校全员育人、全面育人、全程育人的科学进程具有十分重要的意义。

文集的出版体现了学校领导对德育工作、少先队工作、辅导员队伍建设的高度重视；成为固化工作成果、整合教育资源，深化教育改革的战略举措。通过真抓实干，促进科研强校，造就学校浓郁的教研氛围，为学校发展留下理性思考，提供发展动力。

创新是教育工作的本质特征。文集展示了广大教师、辅导员参与教育改革、改善德育教育的创新实践，反映出新形势下班级工作、集体建设的规律和特点，提炼出鲜活的典型经验，总结出科学的工作方法，探索不断深化的有效途径，逐步建立起严谨的综合评价体系。

教育的终端是少年儿童，教师担负着教书育人的光荣责任、辅导员更是少年儿童的朋友和指导者。文集的出版将指导大家进一步提高认识，把握规律，树立全程育人、育人为本的理念，做到面向全体、夯实基础、突出亮点，强化品牌、重在应用，深化落实，和谐发展。

百年大计，育人为本。教育发展，科研领先。文集的出版充分展示学校在继承中发展，在求实中创新的新经验，将促使家长和社会有关方面理解学校德育工作，争取更大支持。

少先队组织扎根班级，使班级成为教育教学基本单位的同时也成为少先队中队这一承上启下的组织单位。队会特别是主题队会是中队活动的基本形式，也是班级建设的重要途径。文集的出版将有效地帮助班主任认识中队辅导员的工作职能，更加自觉地将班主任与辅导员角色结合起来，将队会与班会结合起来，将集体建设与班级管理结合起来，将自我教育与创新活动结合起来，使学校呈现同心呵护童心、同心哺育童心、同心发展童心的新局面。

文集在策划、组稿、编辑、出版的过程中得到了少先队工作专家徐刚老师的大力支持和精心指导；得到了北京航空航天大学出版社的热情帮助；得到了许多家长同志和有关单位同志的积极协助；全国少工委办公室副主任陈冰清同志亲自为本书做序，在此，一并表示衷心的感谢！

附录

附录一　北航附小“春华杯”主题班队会竞赛规程（试行）

（一）竞赛宗旨

为体现学校德育抓基层、打基础、抓队伍、促提高的工作方针，加强班主任及中队辅导员队伍建设，增进教师间相互学习与交流的机会，规范学校基础德育工作，北航附小将在每年的春季学期举行“春华杯”主题班队会竞赛。

（二）组织机构

由校长室、教导处、各年级组共同组成的北航附小“春华杯”主题班队会竞赛组织委员会，研究决定竞赛活动中的重大事宜；教导处具体负责竞赛的组织工作；由专家、校长、副校长、教导主任、德育主任、大队辅导员组成评审委员会负责培训和评审。各年级组由班主任和中队辅导员担任组内评审小组成员，年级组长任评审组组长，负责组织本组评审。

（三）参赛资格

参赛对象为全体班主任及中队辅导员，年级组长负责审核，认定参赛资格。

（四）竞赛办法

（1）“春华杯”竞赛时间为每年3月至4月。

（2）竞赛分学校、年级组两级进行。各年级组的竞赛自行举行，时间为第3~5周。学校的竞赛集中举行，时间在第8~10周。

（3）年级组长负责组织本组教师参加组内竞赛、并进行讲评，推荐本组竞赛获奖者参加学校竞赛。

（4）每位教师都要认真参与、听评组内初赛。评委会成员随机参与组内初赛。

（5）德育主管校长、德育主任、大队辅导员及中心班主任学科带头人要在“春华杯”活动中发挥作用，主动帮助老师观摩、讲评，给予指导。

（6）参赛者自觉接受评委会的检查和指导。

（7）复赛时，评委会在广泛征求意见的基础上，按照标准进行评比，做到公平、公正、公开。

（8）根据总评分数，由组委会和评委会综合判定名次。

（五）奖励办法

（1）一等奖人数为每届决赛人数的30%～40%。

（2）学校对获奖者颁发获奖证书和奖金。

（3）竞赛成绩作为班主任、中队辅导员评先评优、年度考核、评审专业技术职称、工资晋级等方面的重要参考依据。

（4）初赛组织作为评选优秀年级组的重要条件之一；决赛取得好成绩的老师，所在的年级组相应受到表扬与奖励。

（六）其他事项

本规定自公布之日起实行。

本规定解释权在教导处。

（2007.03.01）

附录二 “春华杯”优秀主题中队会表彰名单

少先队主题队会是少先队教育的重要形式，是学校德育教育的重要载体，是新形势下加强少年儿童思想道德建设的重要途径。为进一步落实《中共中央国务院关于进一步加强和改进未成年人思想道德建设的若干意见》，充分发挥少先队在加强少年儿童思想道德建设中的重要作用，努力完善和谐的学校德育教育体系，全面深化“迎奥运、讲文明、树新风”活动，服务少年儿童的全面发展，学校举办了“春华杯”主题中队会观摩竞赛。

第一届“春华杯”主题中队会观摩竞赛获奖名单(2007年4月)：

三（3）中队　快乐福娃“棋”迎奥运　一等奖

五（3）中队　福娃在行动　一等奖

二（1）中队　可爱的中队我们的家　二等奖

四（2）中队　愿快乐与你同行　二等奖

六（2）中队　我的未来不是梦　二等奖

第二届“春华杯”主题中队会观摩竞赛获奖名单(2008年4月)：

四（3）中队　福娃迎客到我家　一等奖

六（3）中队　“？”引发的思考　一等奖

五（3）中队　科技奥运伴我行　二等奖

二（1）中队　快乐游戏跟我来　二等奖

三（1）中队　走近奥运　二等奖

希望全校教师认真学习获奖中队主题队会的成功经验，结合自身实际，在德育工作和集体建设中，抓住思想道德建设的教育主线，突出“迎奥运、讲文明、树新风”的教育主题，积极拓展实践与体验的基本途径，学习创新，开拓进取，努力打造富有时代特色的德育教育品牌，推动学校整体水平的提高，为少年儿童的全面发展、健康成长做出贡献！

附录三　少先队主题队会评价表

______中队　辅导员______　主题______　时间______　总分______

项目	评价标准	评比等级				得分
		A	B	C	D	
队会主题	① 主题鲜明，具有时代特点。 ② 符合教育目标(纲要)，针对学生实际。	15	12	9	7	
队会内容	① 内容具有时代性、思想性、知识性、趣味性。 ② 内容丰富，紧扣主题，容量适宜，层次清楚。 ③ 中队长讲话有内容、有激情；辅导员讲话有观点，有感染力，深入浅出。	30	24	20	16	
队会组织	① 队员自己设计、组织实施。 ② 辅导员指导与引领。 ③ 队员精神面貌好，出席率达到100%。 ④ 环境布置，课件设计新颖、主题氛围好。	15	12	9	7	
队会仪式	仪式规范，程序完整严谨。	15	12	10	8	
队会礼仪	① 队员着装整洁，佩戴领巾，干部佩戴符号。 ② 辅导员仪表端正，佩戴领巾，态度亲切自然。 ③ 主持人声音洪亮，表达准确生动。	9	7	6	5	
活动效果	① 队员受到教育，留下深刻印象。 ② 充分发挥队员的积极性、主动性，队员都能受到锻炼并有收获。	16	13	11	9	
加分	有创新、有特色　加分原因	10				
评语						

评委______